Korea Bebras Challenge 2025

컴퓨팅 사고와 정보과학

2025년도 기출문제집

중·고등학생용

주최 한국비버정보교육연합(Bebras Informatics KOrea, BIKO)
주관 한국비버챌린지(Bebras Korea)
후원 넥슨(Nexon), 한국과학창의재단, 한국교육방송공사(EBS), 한국정보교사연합회, 한국정보과학회, 한국컴퓨터교육학회, 한국정보교육학회, 아주대SW중심대학사업단, 생능출판사

집필진

김동윤 (아주대학교)	김도용 (인천석정초등학교)	김슬기 (초당초등학교)
김주현 (봉담고등학교)	김지혜 (충청북도교육청)	김태훈 (대흘초등학교)
김학인 (전 한성과학고등학교)	박아영 (동두천양주교육지원청)	예홍진 (아주대학교)
이진주 (대구소프트웨어마이스터고등학교)	임건웅 (세종과학예술영재학교)	전용주 (국립경국대학교)
전현석 (경기과학고등학교)	정상수 (경기과학고등학교)	조병규 (제천교육지원청)

비버챌린지와 함께하는
컴퓨팅 사고와 정보과학
2025년도 기출문제집(중·고등학생용)

초판 1쇄 인쇄 2025년 12월 10일
초판 1쇄 발행 2025년 12월 15일

지은이 한국비버챌린지(Bebras Korea)
펴낸이 김승기, 김민수
펴낸곳 (주)생능출판사 / **주소** 경기도 파주시 광인사길 143
출판사 등록일 2005년 1월 21일 / **신고번호** 제406-2005-000002호
대표전화 (031)955-0761 / **팩스** (031)955-0768
홈페이지 www.booksr.co.kr

책임편집 최동진 / **편집** 신성민, 이종무 / **디자인** 유준범(표지디자인)
영업 최복락, 심수경, 차종필, 송성환, 최태웅, 김민정
마케팅 백수정, 명하나

ISBN 979-11-94630-43-2 (03000)
정가 15,000원

- 이 책의 저작권은 (주)생능출판사와 지은이에게 있습니다. 무단 복제 및 전재를 금합니다.
- 잘못된 책은 구입한 서점에서 교환해 드립니다.

비버챌린지(Bebras Challenge)란?

비버챌린지는 컴퓨팅 사고(Computational thinking)와 정보과학(Informatics)을 경험할 수 있는 전 세계인의 축제입니다.

- 특별한 사전 지식이 없어도 누구나 도전할 수 있습니다.
- 컴퓨터 기반 테스트(CBT) 환경을 통해 어디에서나 쉽게 참여할 수 있습니다.
- 비버챌린지의 모든 문제는 컴퓨팅 사고를 통해 해결 가능한 흥미롭고 재미있는 상황을 담고 있습니다.

비버챌린지 그룹

비버챌린지는 학생들의 연령과 수준을 고려하여 6개 그룹으로 구분되어 있습니다.

구분	대상	문항수	시험시간
그룹 I	초등학교 1~2학년	8문항	30분
그룹 II	초등학교 3~4학년	10문항	35분
그룹 III	초등학교 5~6학년	10문항	35분
그룹 IV	중학교 1학년	12문항	40분
그룹 V	중학교 2~3학년	12문항	40분
그룹 VI	고등학교 1~3학년	12문항	45분

비버챌린지는 순위를 매기지 않습니다.

비버챌린지는 컴퓨팅 사고를 즐기며 도전하는 데 의의를 둡니다. 따라서 개인 석차나 백분율은 제공하지 않습니다. 또한 참가 학생들의 개인 정보를 제외한 응시 결과는 정보(SW)교육 발전을 위한 연구에 활용합니다.

한국비버챌린지(Bebras Korea)란?

비버챌린지는 세계 최고의 정보과학 & 컴퓨팅 사고력 축제입니다.

- 한국비버챌린지는 우리나라 정보(SW·AI) 교육을 위해 봉사하는 현직 교사·교수들로 조직된 비영리 단체입니다.
- 한국비버챌린지는 비버챌린지 문제 개발 및 챌린지 운영, 정보(SW·AI) 교육 연구, 교재 집필, 교사 연수 및 학생 캠프 강의 등의 역할을 수행하고 있습니다.
- 한국비버챌린지(www.bebras.kr)는 국제비버챌린지(www.bebras.org)의 공식 회원국이 된 대한민국을 대표하여 다양한 국제 협력 활동에 적극 참여하고 있습니다.

홈페이지(www.bebras.kr)

1단계 💬 신청하기 (9~10월경)

- 비버챌린지에 도전하기 위해서는 회원가입과 참가신청이 필요합니다.
  - ▶ 로그인/회원가입
  - ▶ 참여하기 ▶ 참가신청

2단계 💬 연습하기

- 기출문제를 체험하면서 비버챌린지 문항 및 응시 방식에 적응할 수 있습니다.
- 예시문항은 누구나 상시 체험 가능하며, 참가 학생들은 모든 기출문제를 1년간 체험할 수 있습니다.
  - ▶ 참여하기 ▶ 연습하기 ▶ 응시코드 입력

3단계 💬 도전하기 (10~11월경)

- 성적에 관계없이 도전하기에 참가한 모든 학생에게 이수증을 발급합니다.
- 도전하기 기간이 끝난 이후에는 응시결과 확인, 설문 참여, 문제 다시 풀어보기가 가능합니다.
  - ▶ 참여하기 ▶ 도전하기 ▶ 응시코드 입력

4단계 💬 해설 강의 보기 (상시)

- 비버챌린지 유튜브 채널에서 그룹별, 문항별 정답 및 풀이를 확인할 수 있습니다.
  - ▶ www.youtube.com/bebraskorea 접속하기

유튜브 동영상 강의 안내

한국비버챌린지에서는 본문의 문제와 관련된 유튜브 동영상 강의를 제공하고 있습니다.

① 웹브라우저를 이용해 한국비버챌린지 유튜브 채널에 접속합니다.

www.youtube.com/bebraskorea/

② 재생목록 탭을 클릭합니다.

③ 재생목록의 이름을 통해 연도와 그룹에 맞는 재생목록을 클릭합니다.

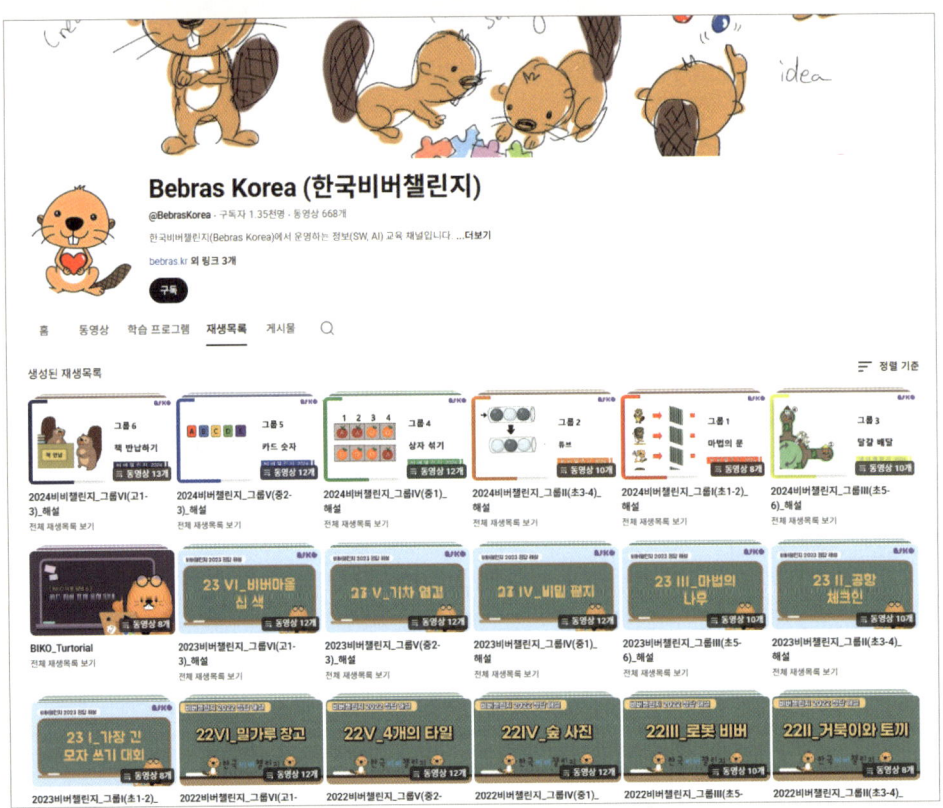

2025 비버챌린지 도전하기 AI 개념 관련 문항

비버챌린지는 매년 인공지능(AI)과 관련된 정보과학 개념을 다룬 문항을 함께 출제하고 있습니다. 2025 비버챌린지 도전하기에도 AI 관련 개념을 다루는 문제가 포함되어 있으며, 본 교재에서는 해당 문항에 AI 개념 관련 문항 이라는 표시를 하여 제시하였습니다.
꼭 확인해 보세요!

구분	문항 제목	AI 관련 정보과학 개념	비고
그룹 Ⅰ	달리기 시합	논리적 추론	초등학생용 기출문제집
	그림을 찾아라	생성형 AI	
	규리의 꽃들	데이터 표현	
그룹 Ⅱ	우주에서 온 신호	패턴 인식	
	비버 주사위	논리적 추론	
그룹 Ⅲ	하나 남은 잎	결정 트리	
	물고기 분류하기	분류, 데이터 시각화	
그룹 Ⅳ	엠마의 정원	탐욕적 알고리즘	중·고등학생용 기출문제집
	빨간 망토 비버	탐욕적 알고리즘	
	막힌 도로	방향 그래프	
	안개 낀 날	너비 우선 탐색	
	비버 섬의 우편집배원	너비 우선 탐색	
그룹 Ⅴ	메시지 전달	인접 행렬, 방향 그래프	
	원형 식탁	추론 엔진	
	주차 여유 공간	상태 공간 탐색	
	서울 여행	그래프, 깊이 우선 탐색	
그룹 Ⅵ	번역 시스템	인접 행렬, 그래프	

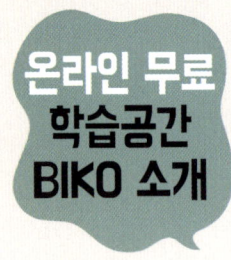

온라인 무료 학습공간 BIKO 소개

프로그래밍을 배우고 싶었지만 공부할 기회가 부족하셨나요?
누구나 무료로 배울 수 있는 학습의 기회를 제공하기 위해 BIKO가 탄생했어요!
컴퓨팅 사고력은 물론 창의력, 문제 해결 능력까지 키워보세요.
프로그래밍 첫 발걸음부터 심화 과정까지 내 수준에 맞춰 공부할 수 있어요.

BIKO에서 제공하는 다양한 콘텐츠들과 프로그래밍 문제들을 통해
단계적으로 학습하며 프로그래밍의 즐거움을 느껴보세요!
(BIKO는 C/C++, Python 등의 텍스트 기반 언어를 사용합니다.)

BIKO에서는 게임 같이 재밌게 문제를 풀어 보는 **비버 챌린지**, 프로그래밍 언어를 잘 몰라도 텍스트 코딩 개념을 익힐 수 있는 **빈칸 챌린지**, 실제 대회 기출에 도전하는 **프로그래밍 챌린지** 등을 제공하여 단계적으로 실력을 키울 수 있습니다.

향상된 컴퓨팅 사고력으로 미래의 IT시대를 이끌 프로그래밍 리더가 되어 보세요.
BIKO는 정보교사·교수진이 모인 비브라스 코리아와 글로벌 게임 산업을 선도하는 넥슨이 함께 만들어 갑니다.

차례

비버챌린지 소개	3
유튜브 동영상 강의 안내	6
2025 비버챌린지 도전하기 - AI 개념 관련 문항	7
온라인 무료 학습공간 BIKO 소개	8
그룹 Ⅳ : 중학교 1학년용	11
그룹 Ⅴ : 중학교 2~3학년용	27
그룹 Ⅵ : 고등학교 1~3학년용	47
정답 및 해설	69
그룹Ⅳ 해설	**70**
그룹Ⅴ 해설	**88**
그룹Ⅵ 해설	**109**

이 책의 활용 방법

5단계 학습 방법

1단계 — 문제의 배경
문제를 풀기 전 주어진 상황을 알아봅니다.

2단계 — 문제 / 도전
앞의 상황과 문제에 주어진 조건을 연결하여 문제를 풀어봅니다.

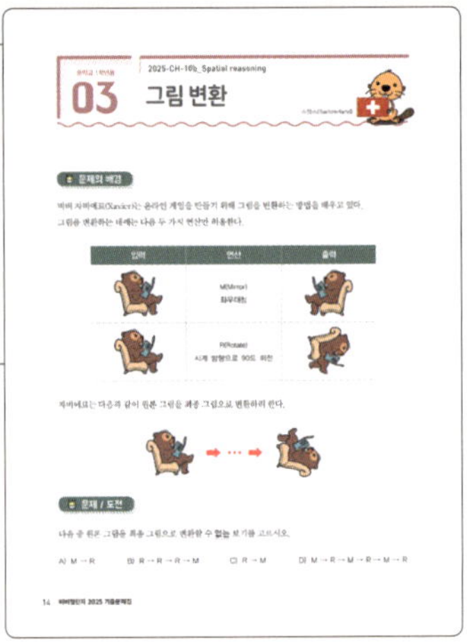

문제 파트

3단계 — 설명
앞에서 풀어본 문제의 풀이 과정을 자세히 확인합니다.

4단계 — 핵심 주제 및 참고 웹사이트
문제에 정보과학의 어떤 주제가 담겨 있는지 확인하고, 참고 웹사이트를 방문하여 개념을 이해합니다.

정답 파트

5단계 — 문제 속의 정보과학
문제 속에 담긴 정보과학의 주제와 문제가 구체적으로 어떻게 연결되는지 알아봅니다.

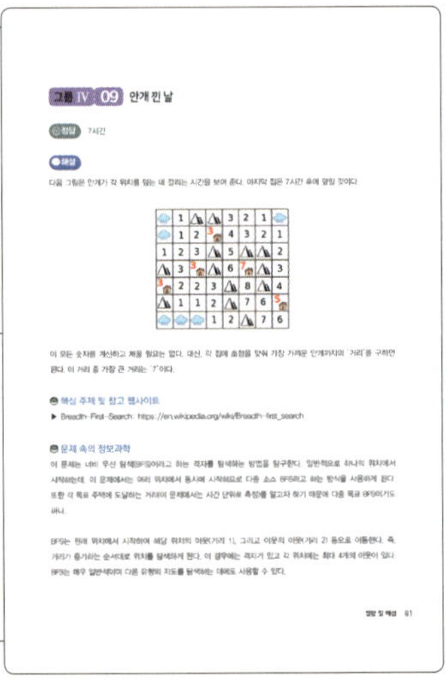

비버챌린지 2025
그룹 Ⅳ

중학교 1학년용

01 버스 | 02 비버나무 | 03 그림 변환 | 04 좌회전 로봇 | 05 엠마의 정원
06 빨간 망토 비버 | 07 전원 켜기 | 08 막힌 도로 | 09 안개 낀 날 | 10 두레
11 재미있는 워터슬라이드 | 12 비버 섬의 우편집배원

01 버스

중학교 1학년용 | 2025-BG-02_Bus

불가리아(Bulgaria)

🐝 문제의 배경

자율 주행 시외버스가 1번~5번 버스 정류장이 있는 노선을 따라 운행 중이다. 일반적으로 이 버스는 승객이 타거나 내릴 때 해당 정류장에 정차한다. 그러나 오늘은 컴퓨터 오작동으로 인해, 버스에 타려는 승객과 내리려는 승객이 모두 있는 경우에만 정류장에 정차한다. 단, 첫 번째인 1번 정류장과 마지막인 5번 정류장은 무조건 정차한다.

다음은 각 정류장에서 버스를 기다리고 있는 승객의 정보이다.
- 1번 정류장에서 버스를 타려는 마리아는 2번 정류장에서 내리려고 한다.
- 1번 정류장에서 버스를 타려는 바실은 4번 정류장에서 내리려고 한다.
- 2번 정류장에서 버스를 타려는 사이먼은 5번 정류장에서 내리려고 한다.
- 3번 정류장에서 버스를 타려는 엘레나는 4번 정류장에서 내리려고 한다.
- 3번 정류장에서 버스를 타려는 칼리나는 5번 정류장에서 내리려고 한다.

🐝 문제 / 도전

버스에 못 타거나 원하는 정류장에서 내리지 못하는 승객(들)을 모두 고른 것은?

A) 엘레나 B) 바실, 칼리나 C) 바실, 엘레나, 칼리나 D) 바실

02 비버나무

중학교 1학년용

2025-CH-04_Beaver timber

스위스(Switzerland)

🐝 문제의 배경

에밀과 그의 친구들은 하이킹을 좋아한다. 에밀의 친구들은 하이킹을 하면서 눈에 보이는 나무에 대한 정보를 수집하여 긴 표에 적는다.

에밀은 숲에서 나뭇잎 하나를 발견하고 그 모양을 알고 있다. 그는 이 나무의 목재가 비버 댐을 짓는데 좋은 목재인지 알고 싶어 한다.

🐝 문제 / 도전

정답을 찾으려면 어떤 친구에게 어떤 순서로 물어봐야 할까?

A) 라디나   B) 세브린 ⇒ 퀴리나   C) 세브린 ⇒ 라디나   D) 퀴리나 ⇒ 세브린 ⇒ 라디나

03 그림 변환

중학교 1학년용

2025-CH-10b_Spatial reasoning

스위스(Switzerland)

🍯 문제의 배경

비버 자비에르(Xavier)는 온라인 게임을 만들기 위해 그림을 변환하는 방법을 배우고 있다.
그림을 변환하는 데에는 다음 두 가지 연산만 허용한다.

입력	연산	출력
	M(Mirror) 좌우대칭	
	R(Rotate) 시계 방향으로 90도 회전	

자비에르는 다음과 같이 원본 그림을 최종 그림으로 변환하려 한다.

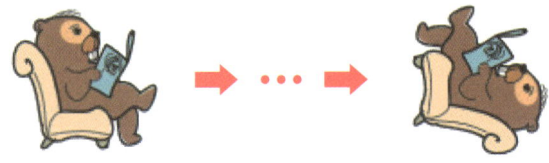

🍯 문제 / 도전

다음 중 원본 그림을 최종 그림으로 변환할 수 **없는** 보기를 고르시오.

A) M → R   B) R → R → R → M   C) R → M   D) M → R → M → R → M → R

04 좌회전 로봇

2025-DF-09b_Lefty

독일(Germany)

🐝 문제의 배경

아래와 같이 두 가지 명령만 수행할 수 있는 좌회전 로봇(△)이 격자 위에서 목표 지점을 향해 이동할 경로를 탐색한다. 로봇이 이동할 수 있는 경우와 이동할 수 없는 경우는 다음과 같다.

앞으로 이동하기	왼쪽으로 90도 회전한 다음 앞으로 이동하기	오른쪽으로 90도 회전한 다음 앞으로 이동할 수 없다	벽이 있으면 로봇은 벽을 넘어갈 수 없다

🐝 문제 / 도전

주어진 격자에는 몇 개의 벽이 빨간색으로 표시되어 있다. 좌회전 로봇이 현재 위치에서 초록색으로 표시된 목표 지점(G)에 도달할 수 있는 경로를 찾으시오. 단, 로봇이 경로를 따라 이동하면서 가능한 한 적은 수의 칸을 지나가야 한다.

로봇이 목표 지점(G)을 향해 가는 동안 방문할 칸을 모두 선택하시오.

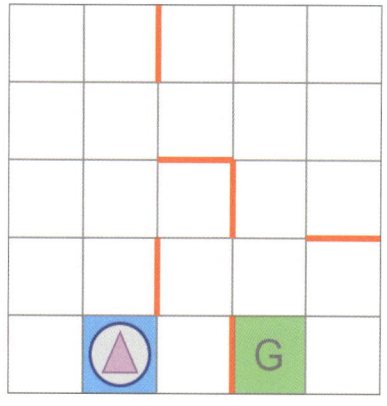

05 엠마의 정원

중학교 1학년용
2025-CY-02_Emma's Garden
AI 개념 관련 문항
사이프러스(Cyprus)

😊 문제의 배경

엠마는 멋진 정원을 만들려고 한다. 오늘은 그녀가 꽃을 심는 날이다.
현재 정원에는 4가지 종류의 꽃을 심을 공간이 비어 있고, 엠마가 선택할 수 있는 꽃은 모두 9가지 종류이다.
꽃의 종류에 따라 심은 후 꽃이 피기까지 며칠이 걸리고, 꽃이 피면 떨어질 때까지 며칠간 유지되는지 다음과 같이 정해져 있다.

이름	꽃이 피기까지 걸리는 기간	피어 있는 꽃이 유지되는 기간
데이지	8일	4일
라벤더	3일	4일
백합	10일	2일
금잔화	4일	3일
난초	13일	3일
모란	13일	4일
장미	3일	6일
해바라기	12일	5일
튤립	2일	2일

엠마는 정원에 항상 최소한 한 종류의 꽃이라도 피어 있는 날이 15일 이상이 되도록 꽃을 선택하려고 한다.

🐝 문제 / 도전

오늘 꽃을 심는다고 할 때, 정원에서 적어도 15일 이상 매일 꽃이 피어 있는 모습을 보려면 엠마가 선택해야 하는 네 가지 꽃을 찾으시오.

A) 데이지, 라벤더, 모란, 튤립
B) 데이지, 금잔화, 해바라기, 튤립
C) 백합, 금잔화, 모란, 튤립
D) 데이지, 장미, 해바라기, 튤립

06 빨간 망토 비버

2025-EE-01b_Little red bebras hood

에스토니아(Estonia)

🐝 문제의 배경

빨간 망토를 입은 비버가 빵 40개를 준비했다. 그녀는 숲에 난 길을 따라 할머니의 집에 가려고 한다. 그녀는 갈림길을 만났을 때 원하는 길을 선택할 수 있다. 예를 들면 여우 를 만난 다음 갈림길에서 오른쪽 길을 선택하여 다람쥐 를 만나거나, 가던 길로 계속 가면 오소리 를 만날 수 있다.

동물 아래에 적힌 숫자는 빨간 망토 비버가 동물을 통과하려면 빵을 몇 개 주어야만 하는지 나타낸 것이다. 예를 들어, 곰 을 통과하려면 빵을 10개 주어야 한다.

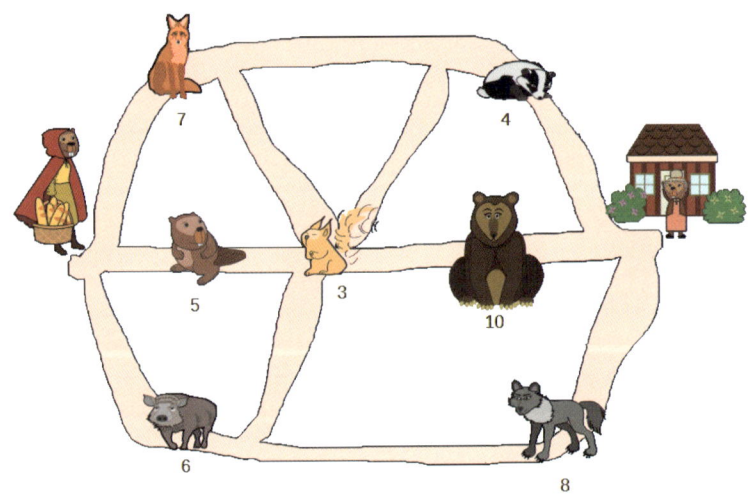

🐝 문제 / 도전

빨간 망토 비버가 할머니께 가져다드릴 수 있는 빵은 최대 몇 개인가?

( )개

07 전원 켜기

중학교 1학년용 · 2025-HU-02a_Turn it on

헝가리(Hungary)

🐝 문제의 배경

재능이 많은 전기 기술자 파워 폴은 액자를 비추는 조명을 켜거나 끄기 위한 스위치를 액자 좌우로 2개 설치하는 공사를 맡았다. 각 스위치는 올리기(,) 또는 내리기(,) 중 하나만 가능하다. 그는 벽에 걸린 액자의 모습과 조명 상태를 아래와 같이 효율적으로 통합하였다:

- 액자가 똑바로 서 있는 경우( ),
  두 스위치 중 하나만 올려져 있을 때 조명이 켜진다.
- 액자가 오른쪽으로 기울어진 경우( ),
  두 스위치가 모두 내려져 있을 때 조명이 꺼진다.
- 액자가 왼쪽으로 기울어진 경우( ),
  두 스위치가 모두 올려져 있을 때 조명이 켜진다.

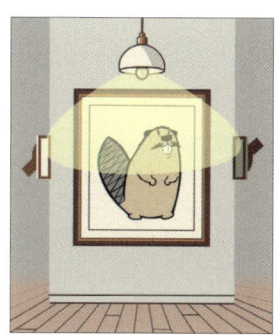

🐝 문제 / 도전

아래 그림에서 왼쪽 스위치는 내린 상태, 오른쪽 스위치는 올린 상태로 있을 때 조명이 꺼지도록 하려면, 액자가 어떤 모습인지 만들어 보시오.

08 막힌 도로

2025-IT-02_A Blocked Street AI개념 관련 문항

중학교 1학년용

이탈리아(Italy)

문제의 배경

아래 지도는 7개의 공원이 10개의 일방통행 도로로 연결된 어떤 도시의 모습을 보여 주고 있다. 시민들은 이 도로망을 이용해, 한 공원에서 출발하여 다른 공원으로 어디든지 이동할 수 있다.

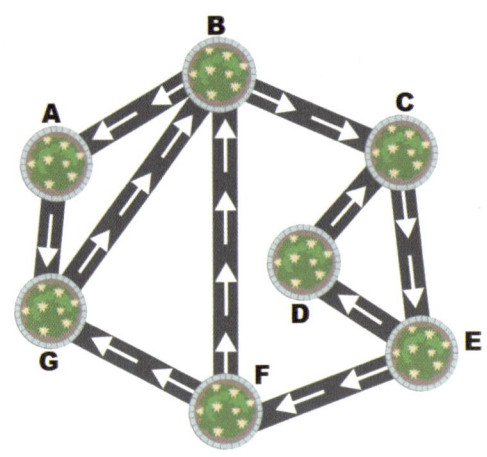

비버 버트랜드(Bertrand)와 노암(Noam)은 평화로운 집회를 준비하기 위해 도로 하나를 막을 예정이다. 이때 혼란을 최소화하려면, 시민들이 여전히 모든 공원 간 이동이 가능하도록 어떤 도로를 막을지 신중하게 선택해야 한다.

문제 / 도전

어떤 도로를 막는 것이 좋을까? (괄호 안에 출발 공원과 도착 공원의 알파벳을 쓰시오.)

(   )에서 (   )로 가는 도로

09 안개 낀 날

2025-PT-02_Foggy day　**AI 개념 관련 문항**

중학교 1학년용

포르투갈(Portugal)

🐝 문제의 배경

다음은 사방으로 안개가 퍼지고 있는 비버랜드의 격자 모양 지도이다. 안개(☁)는 산(⛰)이 있는 칸을 제외하고 매시간 안개가 있던 칸의 위쪽, 아래쪽, 왼쪽, 오른쪽 네 방향의 바로 인접한 칸으로 퍼지게 된다.

아래 예시는 현재 지도와 1시간, 2시간 후의 지도이다.

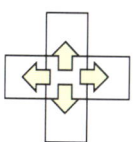

현재

1시간 후

2시간 후

🐝 문제 / 도전

아래 지도에서 집(🏠)이 있는 모든 칸에 안개가 퍼지는 데 걸리는 시간은?

(　　) 시간

10. 두레

2025-KR-04_Du-re Tradition Scheduling

대한민국(South Korea)

🐝 문제의 배경

비버 마을은 '두레'라는 전통을 따르고 있다.
두레는 마을 주민들이 농사일을 함께 협동하여 수행하는 한국의 전통적인 공동체 노동 방식이다.

이 마을에서는 매주 3개의 요일을 두레의 날로 정하여 작업을 진행한다. 참여 규칙은 다음과 같다.
- 각 두레의 날에는 최소 4명의 주민이 참여해야 한다.
- 모든 주민은 반드시 하루 또는 이틀만 두레에 참여해야 한다.
- 두레의 날이 정해지면, 해당 요일에 작업 가능한 주민은 모두 참여해야만 한다.

아래 표는 마을 주민들이 작업 가능한 요일을 ○로 표시한 일정표이다.

	월요일	화요일	수요일	목요일	금요일	토요일	일요일
가연	○		○		○	○	
나연	○	○	○				
다희		○			○		
라온			○	○		○	
마영	○			○			○
바연		○		○		○	
사현	○		○				
아인		○			○	○	

😊 문제 / 도전

참여 규칙과 일정표를 고려하여 두레의 날로 지정할 수 있는 요일이 바르게 짝지어진 것을 고르시오.

A) 월요일, 화요일, 수요일
B) 월요일, 화요일, 토요일
C) 월요일, 수요일, 토요일
D) 화요일, 수요일, 토요일

11 재미있는 워터슬라이드

2025-TW-02_Exciting water slide

대만(Taiwan)

🐝 문제의 배경

비버 놀이공원에는 탈 때마다 나가는 곳이 달라지는 재미있는 워터슬라이드가 있다. 아래 그림은 워터슬라이드가 어떻게 작동하는지 보여 준다. 각 갈림길에는 비버가 지나갈 때마다 나가는 방향을 좌우로 바꿔 주는 특별한 장치가 있다.

아기 비버 댄(Dan)이 아래 그림과 같이 워터슬라이드를 타려고 줄을 서서 자기 차례를 기다리고 있다. 엄마 비버는 아기 사진을 잘 찍기 위해 댄이 어디로 나올지 미리 알고 싶다.

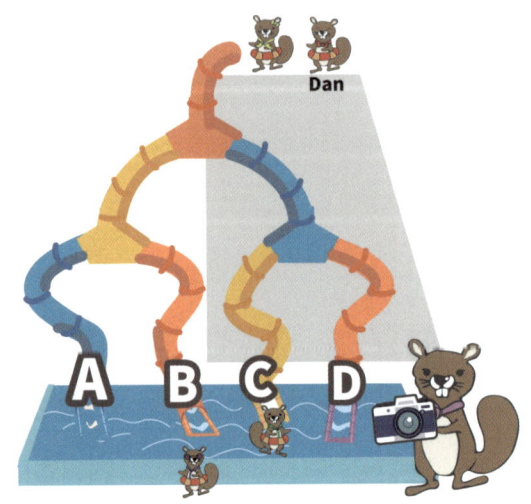

첫 번째 비버가 슬라이드 B로 나오고, 두 번째 비버는 슬라이드 C로 나왔다. 아기 비버 댄은 네 번째로 나올 것이다.

문제 / 도전

아기 비버 댄은 어느 슬라이드로 나올지 알아맞혀 보시오.

A) 슬라이드 A
B) 슬라이드 B
C) 슬라이드 C
D) 슬라이드 D

12. 비버 섬의 우편집배원

2025-TW-04_Beaver Island Bulletin

대만(Taiwan)

문제의 배경

비버 섬에는 아래 그림과 같이 18개의 마을이 있다.
각 마을에는 여러 명의 우편집배원이 있고, 마을에서 편지를 보내거나 받으면, 우편집배원들이 다음 날 연결된 이웃 마을에 편지를 전달한다.

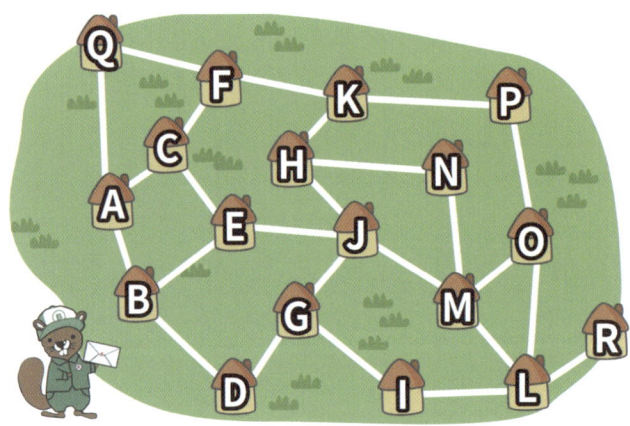

예를 들어, A 마을에서 편지를 보내면, 1일 후 B, C, Q 마을에 전달된다. 2일 후에는 D, E, F 마을에 전달된다.

문제 / 도전

J 마을에서 편지를 보내면, 가장 늦게 편지가 전달되는 마을에는 며칠이 걸리는가?

(   )일

비버 챌린지 2025 그룹 V

중학교 2~3학년용

01 메시지 전달 | 02 LED 조각 교체 | 03 특별한 장치 | 04 가계도
05 원형 식탁 | 06 시험 일정 잡기 | 07 불 연산과 도형 | 08 주차 여유 공간
09 서울 여행 | 10 암호 테이블 | 11 요리 기계 | 12 비밀 공유하기

2025-CR-01_Jumping message

메시지 전달

중학교 2~3학년용 | AI 개념 관련 문항

코스타리카(Costa Rica)

🐝 문제의 배경

여섯 명의 친구들에게는 특별한 메시지 전달 규칙이 있다.
메시지를 받으면, 각자 정해진 규칙에 따라 특정 친구에게만 전달한다.
아래 표는 각 친구가 누구에게 메시지를 보낼 수 있는지 보여 준다.

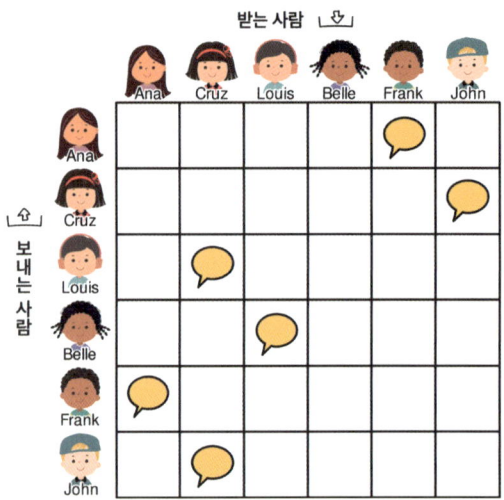

예를 들어, 첫 번째 행(가로 줄)은 Ana(아나)가 Frank(프랭크)에게만 메시지를 보낼 수 있다는 뜻이다.
메시지는 친구들 사이에 전달되지만, 같은 메시지를 다시 받으면, 더 이상 전달하지 않는다.

🐝 문제 / 도전

메시지가 최대한 많은 친구에게 전달되도록 하려면, 누구에게 먼저 보내야 할까?

A) Frank(프랭크)   B) Cruz(크루즈)   C) Belle(벨)   D) Luis(루이스)

02 LED 조각 교체

2025-CZ-06_Most worn segment

중학교 2~3학년용

체코(Czech)

🐝 문제의 배경

디지털 시계는 매 분마다 바뀌는 시간을 4자리 숫자(시, 분)로 표시한다.
각 자리는 7개의 LED 조각(A~G)을 사용해서 0~9까지의 숫자를 표현한다.

이때 조각이 꺼진 상태에서 켜질 때마다 수명이 줄어든다. 따라서 수명이 다한 조각을 먼저 교체해야 한다.

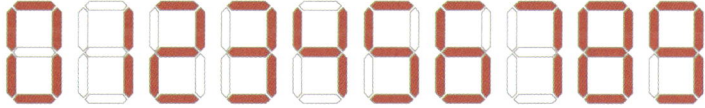

🐝 문제 / 도전

28개의 조각 중 어떤 조각을 먼저 교체해야 할까? 다음 그림을 참고하여 교체할 조각의 코드(예 1A)를 작성하시오. (단, 모든 LED 조각은 새 것이며, 수명은 동일하다.)

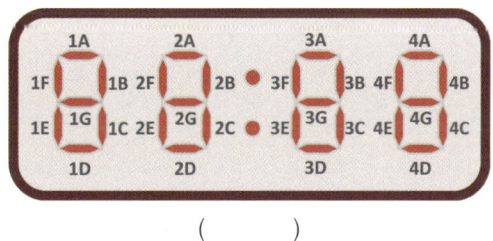

( )

03 특별한 장치

2025-DE-02a_Fabulous Machine

중학교 2~3학년용

독일(Germany)

🐝 문제의 배경

비버들은 아래 그림과 같이 특별한 장치를 만들었다.
예를 들어 3, 2, 4, 5, 1과 같은 다섯 개의 수를 왼쪽에서 오른쪽 순서로 입력 위치에 넣으면,
각 수는 화살표를 따라 스위치(<) 장치를 통과하여 맨 아래의 출력 위치까지 내려가게 된다.
이 장치에는 총 9개의 스위치가 있으며, 각 스위치는 입력된 두 수를 비교하여 다음과 같이 동작한다.

- 더 작은 수는 왼쪽 화살표를 따라 내려간다.
- 더 큰 수는 오른쪽 화살표를 따라 내려간다.

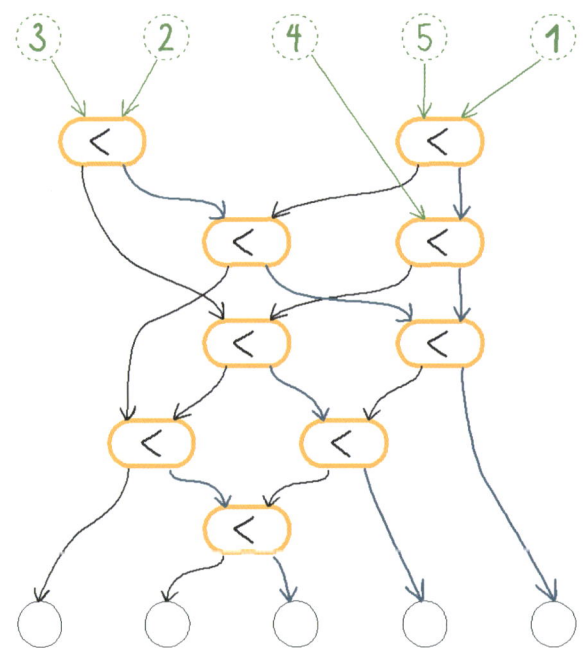

다음 그림은 스위치가 어떻게 동작하는지 보여 주는 한 가지 예시이다.

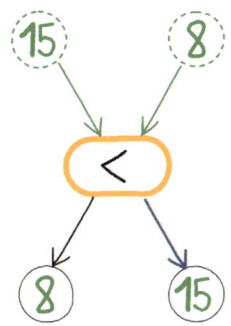

문제 / 도전

3, 2, 4, 5, 1 순서로 다섯 개의 수가 특별한 장치를 통과한 뒤 장치 맨 아래 출력 위치에 나열된 수의 결과로 옳은 것을 고르시오.

A) 입력된 순서와 반대로 1, 5, 4, 2, 3이 출력된다.
B) 오름차순으로 정렬된 1, 2, 3, 4, 5가 출력된다.
C) 내림차순으로 정렬된 5, 4, 3, 2, 1이 출력된다.
D) 입력된 순서 그대로 3, 2, 4, 5, 1이 출력된다.

04 가계도

중학교 2~3학년용

2025-DE-07_Family tree

독일(Germany)

🍯 문제의 배경

비버 Annika(아니카)와 Daniel(다니엘)이 가족 모임에 참석했다.
누군가 "두 사람은 정확히 어떤 사이인가요?"라고 물었다.
아니카는 종이를 꺼내 가계도를 그렸다. 그림에서 여자 비버는 리본을, 남자 비버는 모자를 쓰고 있다.

아니카는 가족 관계를 설명하는 데 다음과 같은 방법을 사용했다.
- "X의 아버지" → father(X)
- "X의 어머니" → mother(X)

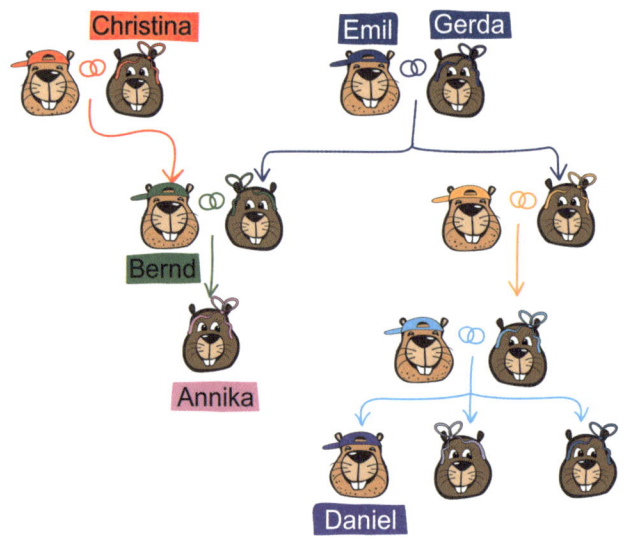

예를 들어, 아니카의 아버지는 Bernd(베른트)이고, 베른트의 어머니는 Christina(크리스티나)이므로, 이 관계를 설명하는 데 다음과 같은 방법을 사용할 수 있다.

- father(Annika) = Bernd
- mother(Bernd) = Christina
- mother(father(Annika)) = Christina

문제 / 도전

아니카가 사용한 방법으로, 아니카와 다니엘의 관계를 나타내기 위해 빈칸(　　)을 채워 넣으시오.

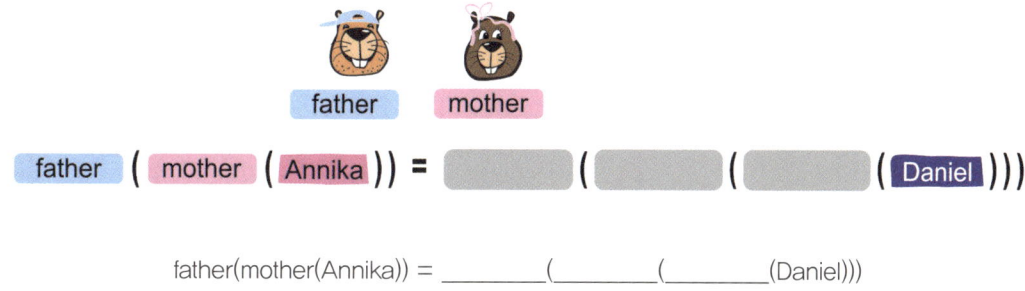

father(mother(Annika)) = _____(_____(_____(Daniel)))

05 원형 식탁

2025-ID-04b_Round Dining Table

중학교 2~3학년용

AI 개념 관련 문항

인도네시아(Indonesia)

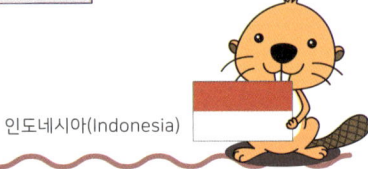

🍯 문제의 배경

네 마리 비버 아니타(Anita), 브루노(Bruno), 클라라(Clara), 데이비드(David)가 원형 식탁에 둘러앉아 각각 나무껍질, 뿌리, 새순, 잔가지를 먹고 있다.

비버들의 자리와 그들이 먹고 있는 음식에 대한 정보는 다음과 같다.

- 브루노는 데이비드의 왼쪽에 앉아 있다.
- 클라라의 오른쪽에 앉은 비버는 뿌리를 먹고 있다.
- 아니타는 잔가지를 먹고 있다.
- 아니타의 오른쪽에 앉은 비버는 나무껍질을 먹고 있다.

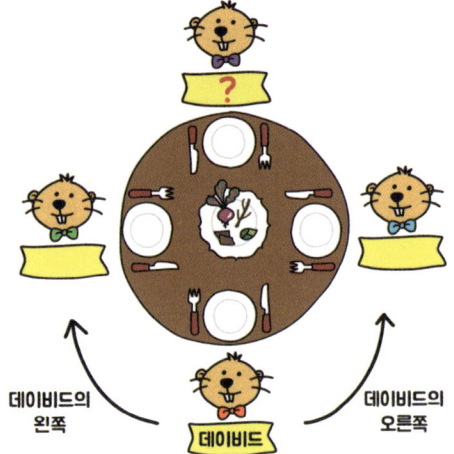

🍯 문제 / 도전

데이비드의 맞은편에 앉은 비버의 이름과 그 비버가 먹고 있는 음식으로 알맞은 것은?

A) 아니타 – 잔가지
B) 아니타 – 뿌리
C) 브루노 – 뿌리
D) 브루노 – 새순
E) 클라라 – 나무껍질
F) 클라라 – 새순

06

2025-PR-03_Exam Scheduling

시험 일정 잡기

푸에르토리코(Puerto Rico)

중학교 2~3학년용

🐝 문제의 배경

비버 중학교에서는 시험 일수를 최소로 하여 시험 과목을 배정하려고 한다.
학생은 하루에 한 과목만 시험을 볼 수 있기 때문에 같은 학생이 시험 보는 다른 과목은 다른 날에 배치해야 한다.

원은 시험 과목을 의미하며, 두 원을 연결하는 선은 두 과목을 시험 보는 학생이 있음을 나타낸다.

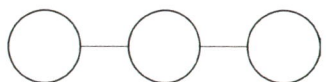

시험 일수를 최소로 하기 위해 다음 규칙에 따라 시험일을 정한다.
1. 선으로 연결된 과목은 같은 날에 배정할 수 없다.
2. 연결된 선이 많은 과목부터 먼저 배정한다.
3. 각 과목은 가능한 빠른 날로 배정한다.

따라서 다음과 같이 3개의 시험 과목은 최소 2일로 시험일을 정할 수 있다.

🐝 문제 / 도전

시험 일수를 최소로 할 수 있도록 다음 7개 시험 과목의 시험일을 정하시오.
(왼쪽의 시험일을 오른쪽의 시험 과목에 끌어다 놓으시오.)

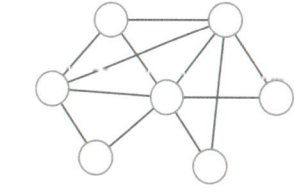

07 불 연산과 도형

중학교 2~3학년용

2025-IE-03_Boolean Shapes

아일랜드(Ireland)

🍯 문제의 배경

불 연산(Boolean operations)은 컴퓨터 그래픽에서 사용된다.
이 연산을 이용하면 간단한 도형들을 조합하여 복잡한 형태의 도형을 만들 수 있다.

아래는 AND, OR, NOT 불 연산의 예시이다.

도형 1	도형 2	위치	연산 결과		
			AND	OR	NOT
●	■				
■	●				

이러한 연산을 순차적으로 사용하면, 다음과 같이 더 복잡한 형태의 도형을 만들 수 있다.

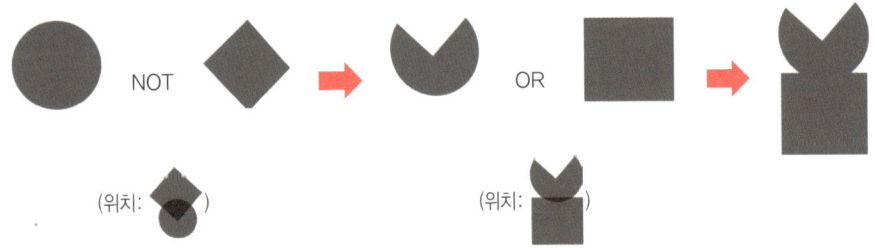

문제 / 도전

불 연산을 순서대로 모두 수행한 후에 결과와 같아지도록, 도형을 알맞은 위치에 끌어다 놓으시오.

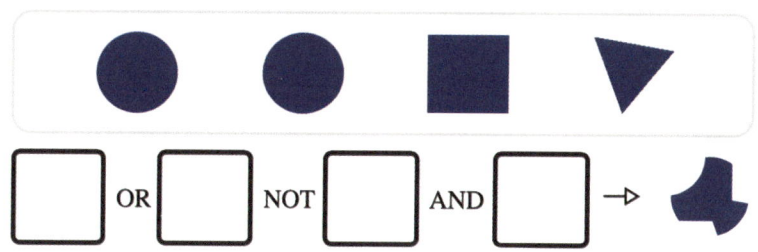

중학교 2~3학년용

08 주차 여유 공간

2025-KR-05_Available Parking Space AI 개념 관련 문항

대한민국(South Korea)

문제의 배경

비버 중학교의 주차장은 네 구역으로 나뉘어 있다.
각 구역은 주차할 수 있는 대상에 따라 다음과 같이 구분된다.

구역	의미
♿	장애인 전용
🟧	교직원 전용
🟦	학부모 전용
🟨	누구나 가능

일부 사람은 여러 구역에 주차할 수 있다.
예를 들어, 장애가 있는 학부모는 ♿, 🟦, 🟨 구역에 주차할 수 있다.

아래 표는 차량의 주차 대기 순서를 보여준다.
각 구역별로 현재 남은 주차 공간은 다음과 같이 주차장 입구 전광판에 표시된다.

대기 순서	1	2	3	4	5
차량 정보	교직원 (장애인)	교직원	교직원	학부모	학부모

문제 / 도전

대기 중인 5대의 차량이 순서대로 모두 주차한 후, 가능한 전광판의 상태를 <u>모두</u> 고르시오.

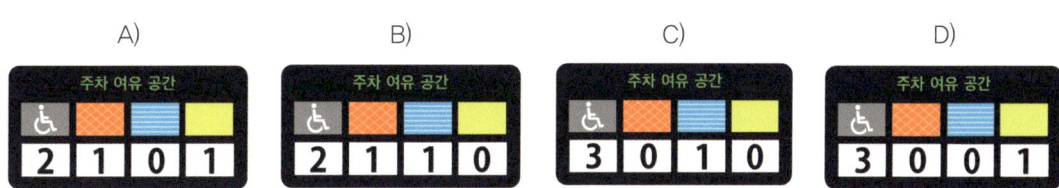

09 서울 여행

2025-KR-06_Seoul city tour — AI 개념 관련 문항

중학교 2~3학년용

대한민국(South Korea)

🌕 문제의 배경

서울시는 관광객을 위한 투어 버스를 운영하고 있다.

이 버스는 서울의 주요 관광지를 연결하며, 교통카드로 이용할 수 있다.

아래 도표에는 주요 관광지, 관광지 간 거리, 그리고 관광지 인기도(별점)가 표시되어 있다.

수지는 경복궁을 방문한 뒤, 투어 버스를 타고 다른 관광지로 이동하고자 한다.

하지만 각 관광지는 한 번만 방문할 수 있으며, 총 이동 거리는 10Km 이하여야 한다.

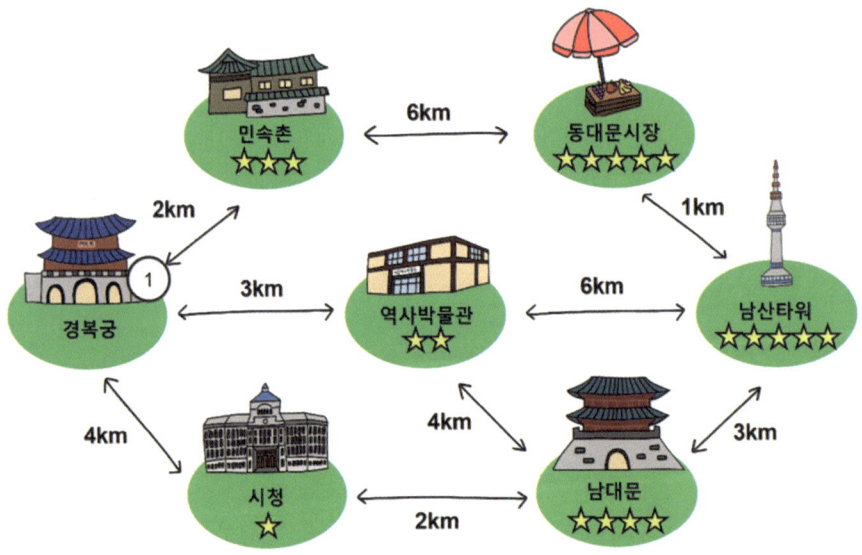

🌕 문제 / 도전

수지가 인기도가 높은 관광지를 최대한 많이 방문할 수 있도록 이동 경로를 설계하시오.

경복궁 → _____

10. 암호 테이블

2025-MY-04_Cipher Table

말레이시아(Malaysia)

🐝 문제의 배경

저스틴(JUSTIN)과 카를로스(CARLOS)는 서로 둘이서만 이해할 수 있는 암호 메시지를 주고받기 위한 암호 시스템을 만들기로 했다.

먼저 26개의 문자와 10개의 숫자를 아래 그림과 같이 6×6 테이블의 칸마다 하나씩 채워 넣는다.

아래 그림과 같이 각자의 이름을 테이블의 행과 열의 키로 사용한다.

	J	U	S	T	I	N
C	G	Q	E	W	7	P
A	2	9	L	4	D	X
R	F	A	6	V	O	K
L	R	1	Z	N	C	Y
O	3	S	B	5	U	8
S	H	0	I	M	T	J

메시지를 암호화할 때는, 각 문자나 숫자를 테이블에서 해당 문자가 위치한 행의 키와 열의 키로 바꾼다. 예를 들어 K는 R행 N열에 있으므로, RN으로 바꾼다. 단, 공백(빈칸)이나 특수기호는 암호화하지 않고 그대로 유지한다.

오른쪽의 표는 이러한 방법으로 두 가지 메시지를 암호화한 결과를 보여 주고 있다.

메시지	결과
KEY!	RNCSLN!
10 CAKES	LUSU LIRURNCSOU

🐝 문제 / 도전

아래 빈칸에 메시지 4 BEAVERS! 를 암호화한 결과를 직접 작성하시오. (알파벳의 경우 대문자로 작성한다.)

LU OSCTRURTCSLJOU!

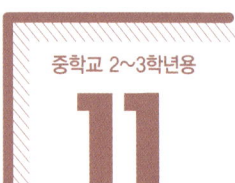

2025-PK-03_The Bebravy Food Machine

요리 기계

파키스탄(Pakistan)

😊 문제의 배경

비버 식품 공장에서는 특별한 기계를 사용하여 음식을 만든다.

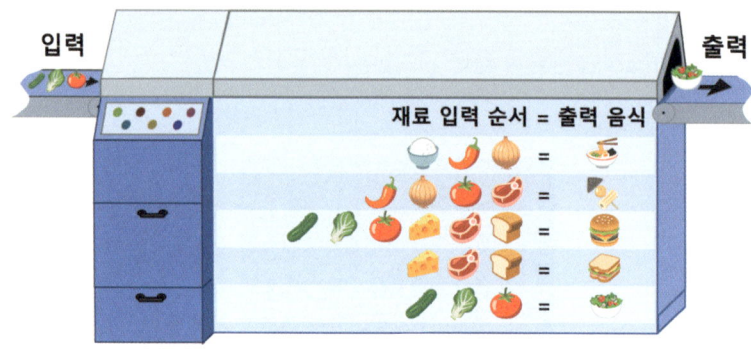

- 이 기계는 입력된 재료들의 순서에 따라 음식을 출력한다.
- 한 번 사용된 재료는 다시 사용할 수 없으며, 사용되지 않은 재료는 그대로 출력된다.
- 여러 개의 음식을 만들 수 있는 경우에는 최소 개수의 음식이 출력된다.

예를 들어, 다음과 같이 입력된 경우 샐러드, 양파, 국수 순서로 총 3개가 출력된다.

😊 문제 / 도전

다음과 같은 순서로 재료가 입력될 때, 출력되는 개수(요리와 남은 재료 수)를 고르시오.

A) 7 B) 8
C) 9 D) 10

12 비밀 공유하기

중학교 2~3학년용

2025-DE-03_Sharing a Secret

독일(Germany)

🐝 문제의 배경

비버 메신저 서비스는 검은색(■) 픽셀과 흰색(□) 픽셀로 이루어진 비밀 이미지를 전송하기 위해서, 비밀 이미지가 드러나지 않도록 어두운 회색(▨) 픽셀과 밝은 회색(▧) 픽셀을 사용하여 2개의 반투명 이미지를 만든다. 비밀 이미지는 2개의 반투명 이미지를 겹쳐 놓으면 나타난다.

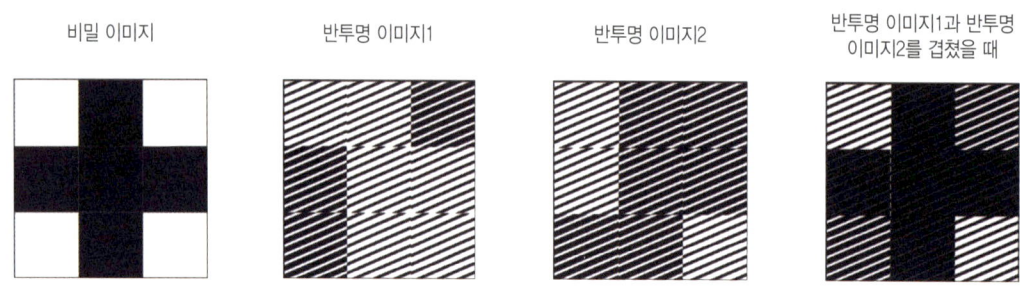

두 장의 반투명 이미지를 만드는 과정은 다음과 같다.

1. 어두운 회색(▨) 픽셀과 밝은 회색(▧) 픽셀을 사용하여 랜덤하게 반투명 이미지1을 만든다.
2. 반투명 이미지2의 어두운 회색(▨) 픽셀과 밝은 회색(▧) 픽셀은 다음과 같은 규칙에 따라 만든다.

→ 비밀 이미지의 픽셀이 검은색(■) 픽셀이면, 같은 위치의 반투명 이미지2의 픽셀은 같은 위치의 반투명 이미지1의 픽셀과 다르게 만든다.

→ 비밀 이미지의 픽셀이 흰색(□) 픽셀이면, 같은 위치의 반투명 이미지2의 픽셀은 같은 위치의 반투명 이미지1의 픽셀과 같게 만든다.

문제 / 도전

비밀 이미지와 반투명 이미지1이 다음과 같을 때, 반투명 이미지2를 만드시오.

비밀 이미지   반투명 이미지1   반투명 이미지2

비버챌린지 2025
그룹 VI

고등학교 1~3학년용

01 격자 칸 숫자 | 02 화분 | 03 촛불 켜기 | 04 비버 경주 | 05 번역 시스템
06 행복한 자리 배치 | 07 버스 갈아타기 | 08 홍수 예방 | 09 꽃 심기
10 비버와 곰 | 11 밀가루 가져오기 | 12 잃어버린 연 찾기

01 격자 칸 숫자

2025-CH-05_Masked Coordinates

스위스(Switzerland)

문제의 배경

수업이 지루해진 젬마(Gemma)는 5*3 크기의 격자 칸을 칠해서 0부터 9까지의 숫자들을 나타내는 방법을 만들었다.

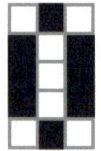    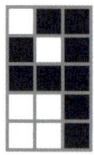  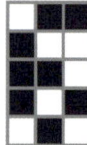   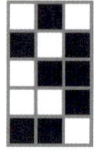

그리고 두 자리 자연수를 하나의 격자 칸으로 표현하는 특별한 방법을 더 만들었다.

두 수를 먼저 각각의 5*3 격자 칸으로 만들고, 같은 위치에 있는 두 칸의 색을 비교해서 그중 하나만 칠해진 경우에만 검은색으로 칠하는 방법으로, 하나의 5*3 격자 칸으로 표현하는 방법이다.

예를 들어, 젬마가 가장 좋아하는 두 자리 자연수 42를 하나의 5*3 격자 칸으로 표현하면 다음과 같다.

  →

😊 문제 / 도전

아래 격자 칸이 의미하는 두 자리 자연수로 가능한 것 중 한 가지만 입력하시오.

두 자리 자연수는 (　　)이다.

02 화분

2025-DE-04_Flower Pots

고등학교 1~3학년용

독일(Germany)

🐝 문제의 배경

어떤 비버가 현관문 옆에 화분들을 한 줄로 늘어놓고 그중 하나에 현관문 열쇠(🔑)를 숨긴 후, 다음과 같이 말해 주었다.

> "꽃(🌼)이 있는 화분의 개수를 세면서 화분들을 절반씩 나누어 골라내다가 보면 열쇠가 숨겨진 화분을 찾을 수 있을 거야. 꽃이 있는 화분이 없거나 꽃의 개수가 짝수이면 반으로 나누었을 때 왼쪽에 있는 화분 중에 열쇠가 숨겨져 있고, 꽃이 있는 화분의 개수가 홀수이면 반으로 나누었을 때 오른쪽에 있는 화분 중에 열쇠가 숨겨져 있어."

만약, 4개의 화분이 다음 그림처럼 늘어서 있었다면,

다음과 같은 과정으로 B 화분에 열쇠가 숨겨져 있다는 것을 알아낼 수 있다.

🐝 문제 / 도전

다음 그림과 같이 8개의 화분이 있고, 🪴C 화분에 열쇠(🗝)를 숨겼다고 할 때, 꽃(🌼)이 있어야 하는 화분을 모두 고르시오.

03 촛불 켜기

2025-DE-08_Lightning Candles

독일(Germany)

🍯 문제의 배경

비버 마을에서는 어떤 기념일 전 네 번의 일요일에 4개의 양초( )에 불( )을 켰다가 끄는 풍습이 있다.

    첫 번째 일요일에 양초 1개를 골라 불을 켰다가 끄고,
    두 번째 일요일에 양초 2개를 골라 불을 켰다가 끄고,
    세 번째 일요일에 양초 3개를 골라 불을 켰다가 끄고,
    네 번째 일요일에는 4개의 양초에 모두 불을 켰다가 끈다.

비버 크리스(Chris)는 길이가 똑같은 양초 4개를 가지고 있다. 양초를 켰다가 끄면 길이가 줄어드는데 네 번째 일요일에 모든 양초의 길이를 똑같이 만들 수는 없다. 모든 양초의 길이를 똑같이 만들려면 4개의 양초를 똑같은 횟수만큼 켰다가 꺼야 하기 때문이다.

만약, 어떤 기념일 전 세 번의 일요일에 3개의 양초에 불을 켰다가 끈다면, 다음과 같은 방법으로 세 번째 일요일에 3개의 양초를 똑같은 길이로 만들어 켤 수 있다.

첫 번째 일요일 (1개)	🕯🕯🕯
두 번째 일요일 (2개)	🕯🕯🕯
세 번째 일요일 (3개)	🕯🕯🕯

🐝 문제 / 도전

어떤 기념일 전 다섯 번의 일요일에 5개의 양초를 각각의 일요일마다 1개, 2개, 3개, 4개, 5개씩만 골라 불을 켰다가 끌 수 있을 때, 다섯 번째 일요일에 5개의 양초를 똑같은 길이로 만들어 켤 수 있는 방법을 만드시오.

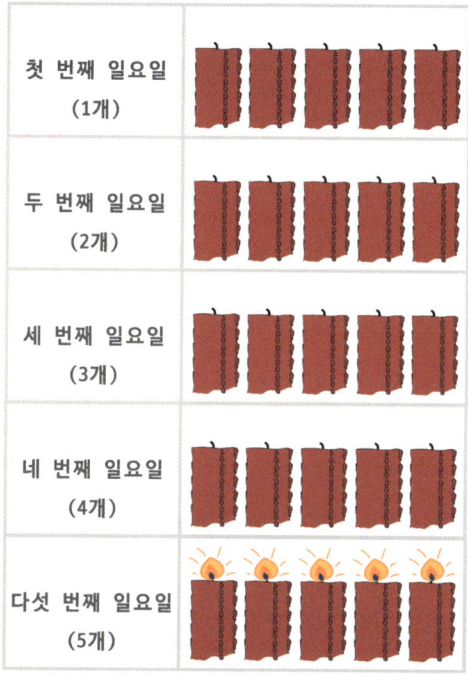

04 비버 경주

2025-DE-10_Beavers Jones

독일(Germany)

🐝 문제의 배경

존스(Jones)는 위험한 피라미드 안에 있다. 이 피라미드에는 위험한 복도가 여러 개 있고, 각 복도의 끝에는 보물이 있다. 존스는 가능한 한 빨리 보물이 있는 곳으로 이동하고 싶어 한다.

각 복도에는 일렬로 놓인 돌덩어리들로 보물이 보호되고 있다. 복도에 누군가 들어오면 일정한 주기로 돌덩어리가 움직이기 시작한다. 주기가 2분인 돌덩어리는 2분 뒤에 천장으로 올라갔다가 다시 2분 뒤에 바닥으로 내려오는 움직임을 반복한다.

예를 들어, 아래 그림처럼 주기가 2분인 A돌덩어리와 주기가 3분인 B돌덩어리가 있는 복도에서 보물이 있는 곳으로 이동하는 과정을 살펴보자. 복도에 들어간 후 2분 동안 기다렸다가 A돌덩어리의 위치로 이동하고, 다시 1분을 기다린 후 B돌덩어리의 위치를 지나가는 방법으로 보물이 있는 곳으로 이동할 수 있다. 이때 한 블록에서 다른 블록으로 이동하는 데 걸리는 시간은 무시한다.

이동 순서를 다음과 같은 명령 블록으로 표현할 수 있다.

2	분 기다림
A	돌덩어리가 있는 위치로 이동
1	분 기다림
보물이 있는 곳으로 이동

똑같이 3분 만에 도착할 수 있는 방법을 더 적은 개수의 명령 블록으로 표현할 수 있다.

| 3 | 분 기다림 |
| 보물이 있는 곳으로 이동 |

🌟 문제 / 도전

아래 그림처럼 주기가 3분, 5분, 8분, 4분인 돌덩어리 A, B, C, D가 있는 통로에서 보물이 있는 곳으로 가장 빠르게 이동할 수 있는 최소 개수의 명령 블록 순서를 만드시오.

① 보물이 있는 곳으로 이동

② ☐ 돌덩어리가 있는 위치로 이동

③ ☐ 분 기다림

05 번역 시스템

2025-KR-07_Translation system AI 개념 관련 문항

고등학교 1~3학년용

대한민국(South Korea)

🐝 문제의 배경

비버들은 여러 가지 언어(A, B, C, D, E)를 다른 언어로 번역하는 시스템을 만들었다.
어떤 언어를 다른 언어로 직접 번역할 때의 정확도는 다음 표와 같다. 정확도는 0부터 1까지로, 그 수가 클수록 더 정확하게 번역한다는 것을 의미한다.

〰️	A	B	C	D	E
A	1.0	0.9	0.2	0.7	0.6
B	0.9	1.0	0.5	0.8	0.7
C	0.2	0.5	1.0	0.9	0.7
D	0.7	0.8	0.9	1.0	0.7
E	0.6	0.7	0.7	0.7	1.0

다른 언어를 거쳐서 간접 번역할 때의 정확도는 다른 언어로 직접 번역할 때의 정확도를 곱하면 된다. 직접 번역하는 것보다 간접 번역이 정확도가 더 높은 경우가 있다.

예를 들어, C 〰️ A로 직접 번역할 때의 정확도는 0.2이지만, C 〰️ B로 번역한 후, B 〰️ A로 번역하는 C 〰️ B 〰️ A의 과정의 정확도는 0.5 × 0.9 = 0.45로 직접 번역할 때보다 더 높아지는 것을 알 수 있다.

🐝 문제 / 도전

다음 중 간접 번역으로 번역 정확도가 높아지는 경우를 <u>모두</u> 고르시오.

A) A ⟶ D　　　　　　B) B ⟶ A

C) C ⟶ B　　　　　　D) D ⟶ B

06 행복한 자리 배치

2025-LT-01_Happy Circle

리투아니아(Lithuania)

🙂 문제의 배경

여섯 명의 친구(A, B, C, D, E, F)가 원탁( )에서 둘러앉아 함께 식사할 수 있도록 자리를 배치해야 한다.

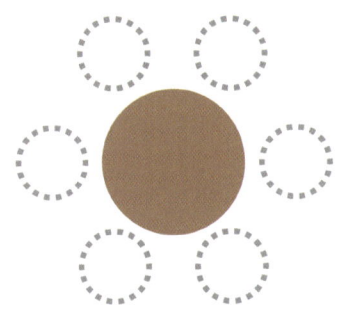

하지만 옆에 앉으면 서로 불편한 친구들이 있기 때문에 주의해야 한다.

어떤 친구의 왼쪽이나 오른쪽에 불편한 친구가 있으면 웃는(🙂) 모습이 우는(☹) 모습으로 바뀐다.

🐝 문제 / 도전

여섯 명의 친구가 모두 웃는 모습으로 원탁에 둘러앉아 함께 식사할 수 있도록 자리를 배치하시오.

친구들 사이의 관계를 알아내기 위해서 아래 그림을 사용할 수 있다.

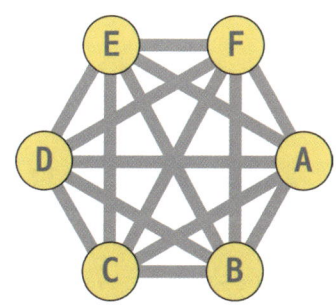

이 문제를 아래 사이트에서 실행해 볼 수 있다.

https://bit.ly/Happy_Circle

07 버스 갈아타기

2025-LT-05_Public Transport

고등학교 1~3학년용

리투아니아(Lithuania)

🐝 문제의 배경

마커스(Marcus)가 집(⌂)에서 버스를 타고 영화관(THEATER)에 가려고 한다.

버스 차고지(🟠, 🟢, 🟣, 🩷)에서 첫 번째 버스가 같은 시간에 출발하기 시작한 후, 일정 시간(3분, 2분, 4분, 5분)마다 다음 버스가 출발하고, 버스 노선(｜, ｜, ⁄, ⁄)을 따라 다음 정류장(◯)으로 이동하면서 각 버스의 종점으로 이동한다.

각 노선 옆에 쓰여 있는 수는 버스가 다음 정류장으로 이동하는 데 걸리는 시간(분)을 의미한다.

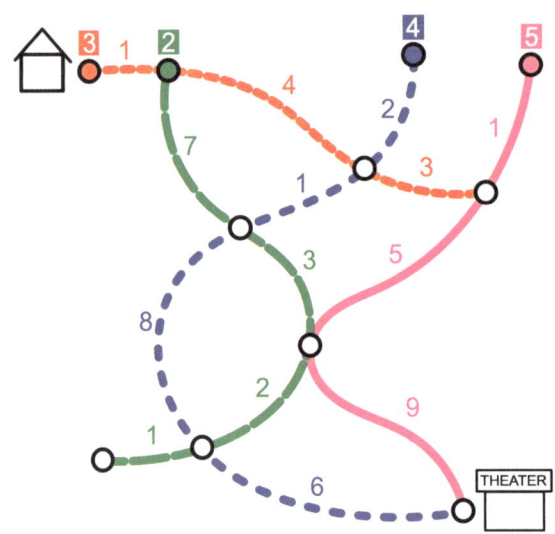

두 노선이 만나는 정류장에서는 다른 버스로 환승할 수 있다. 같은 시간에 도착한 버스로 바로 갈아타거나, 다음 버스가 올 때까지 기다렸다가 갈아탈 수 있다. 버스를 내리거나 타는 데 걸리는 시간은 무시한다(0분).

😊 문제 / 도전

마커스가 주황색 차고지(🔴)에서 버스를 타고 출발할 때, 영화관(🎭)까지 이동하는 데 걸리는 최소 시간(분)을 구하시오.

최소 시간은 (　　)분이다.

08 홍수 예방

2025-NZ-01_Flood Prevention

고등학교 1~3학년용

뉴질랜드(New Zealand)

🍯 문제의 배경

산간 비버 마을에 빗물이 모이는 7개의 연못이 있는데, 폭우가 내리면 연못이 넘쳐 홍수가 발생할 수 있다. 비버 마을에서는 홍수를 예방하기 위해 폭우가 내렸을 때 연못에서 넘치는 물을 마을 아래 저수지로 보낼 수 있는 홍수 방지 시스템을 만들려고 한다.

비버 엔지니어들은 폭우가 내릴 때 "연못에서 넘치는 시간당 물의 양"과 "수로를 통해서 보낼 수 있는 시간당 물의 최대량"을 알아내어, 아래 그림에 표시했다.

연못이나 저수지로 연결하는 수로를 만드는 비용은 각 수로에 표시된 "수로를 통해서 보낼 수 있는 시간당 물의 최대량"과 같다.

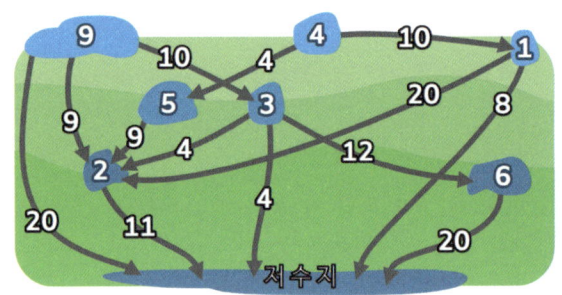

비버 마을의 홍수 방지 시스템을 만들기 위해서는 다음 조건을 모두 만족하는 수로들을 골라야 한다.
- 7개의 연못 모두 수로를 통해 마을 저수지에 직간접적으로 연결되어야 한다.
- 폭우가 내릴 때 연못에서 넘쳐서 모아지는 모든 물을 수로를 통해 저수지로 보낼 수 있어야 한다.
- 수로를 만드는 총 비용을 최소로 해야 한다.

🍯 문제 / 도전

홍수 방지 시스템을 만들기 위해 필요한 최소 비용을 구하시오.

(   )

09 꽃 심기

2025-SK-03_Flower Planting

슬로바키아(Slovakia)

문제의 배경

로봇을 사용해서 아래 그림과 같은 화단에 10송이의 꽃(🌷, 🌸, 🌹)을 심으려고 한다.

로봇은 다음과 같은 과정으로 꽃을 심는다.

0: 처음에 ✕ 로 이동한다.

모든 위치에 꽃을 심을 때까지, 1부터 5까지의 과정을 순서대로 반복한다.

1: 로봇이 있는 위치에 표지판(🪧)이 있으면, 표지판에 그려진 꽃을 그 위치에 심는다.
2: 바로 전에 심은 꽃을 로봇의 기억 장치에 저장한다.
3: 로봇이 있는 위치에 있는 표지판을 제거한다.
4: 오른쪽으로 이동하다가 꽃이 없는 위치에서 멈춘 후, 기억 장치에 저장되어 있는 꽃을 심는다.
5: 왼쪽으로 이동하다가 표지판이 있는 위치 또는 화단 끝에서 멈춘다.

문제 / 도전

화단에 꽃을 심은 결과를 고르시오.

10. 비버와 곰

2025-PK-04_Beaver and Bear

고등학교 1~3학년용

파키스탄(Pakistan)

🐝 문제의 배경

비버와 곰은 매일 7m 길이의 통나무들을 잘라 여러 개의 조각을 만들고 트럭에 싣는다.

비버는 톱 1개를 사용하여 1분에 한 곳을 자를 수 있고, 곰은 톱 2개를 사용하여 1분에 두 곳을 1m 간격으로만 자를 수 있다.

비버와 곰이 동시에 일할 수는 있지만, 같은 통나무를 함께 자를 수는 없다.

예를 들어, 비버는 다음 그림처럼 7m 길이의 통나무를 1분 동안 2조각(1m + 6m)으로 만들 수 있다.

곰은 다음 그림처럼 7m의 통나무를 1분 동안에 3조각(2m + 1m + 4m)으로 만들 수 있다.

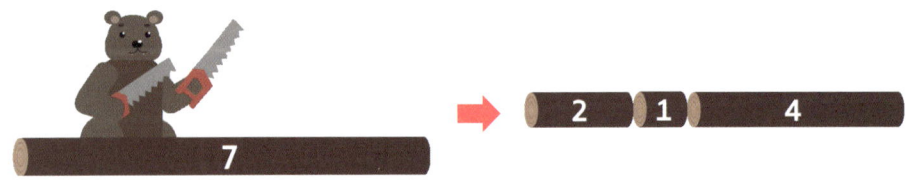

잘라낸 통나무를 트럭에 실으려면 통나무 7m당 1분이 걸린다. 하지만 비버만 통나무를 트럭에 실을 수 있고, 곰은 싣지 못한다.

🐝 문제 / 도전

비버와 곰이 7m 길이의 통나무 3개를 잘라서 1m 9조각, 2m 3조각, 3m 2조각으로 만들어 트럭에 모두 싣기 위해 필요한 최소 시간을 구하시오.

A) 5분 B) 6분 C) 7분 D) 8분

2025-TH-02_Task Scheduling

밀가루 가져오기

태국(Thailand)

🐝 문제의 배경

비버 마을 빵집에는 알버트(Albert)와 마리오(Mario)가 일하고 있다. 비버는 밀가루를 가져오기 위해 풍차 방앗간에 다녀와야 한다.
하지만 두 비버가 함께 빵집을 비울 수는 없기 때문에 적어도 한 마리의 비버는 빵집에 남아 있어야 한다.

두 비버가 풍차 방앗간을 다녀올 경우 걸리는 시간과 가져오는 밀가루 양은 다음과 같다.
- 알버트: 왕복 1시간 필요, 밀가루 13kg 획득
- 마리오: 왕복 30분 필요, 밀가루 5kg 획득

각 비버는 3번 연속으로 풍차 방앗간에 다녀오면 빵집에서 최소 30분의 휴식이 필요하다.

🐝 문제 / 도전

8시간 동안 밀가루를 최대한 많이 가져오려고 할 때, 옳은 것을 고르시오.

A) 처음에 알버트가 다녀와야 한다.
B) 알버트는 총 6번 다녀와야 한다.
C) 마지막으로 마리오가 다녀와야 한다.
D) 알버트는 총 1번 휴식을 취해야 한다.
E) 마리오는 반드시 한 번만 다녀와야 한다.

12 2025-GR-02_Lost_Kite
잃어버린 연 찾기

그리스(Greece)

문제의 배경

비버가 풀숲에서 연을 잃어버렸다. 연줄이 여기저기 얽혀 있어 정확한 위치를 찾기 어렵다.
풀숲은 3행 15열(3 x 15) 격자로 나뉘어 있으며, 각 열을 확인하면 연줄이 얽힌 상태를 알 수 있다.

문제 / 도전

연을 찾기 위해서 풀숲의 열을 확인해야 한다.

비버가 연을 발견할 때까지 최소로 필요한 풀숲의 열 확인 횟수를 구하시오.

( )번

다음 링크에서 자유롭게 실험하여, 풀숲을 확인하는 방식을 이해할 수 있다.
https://chr.gr/xartaetos/?N=3&M=16&type=column&max=4

비버챌린지 2025 정답 및 해설

그룹 Ⅳ : 중학교 1학년용

그룹 Ⅳ : 01 버스

정답 C)

해설

버스는 컴퓨터 오류로 인해 정류장 3과 4에 정차하지 않는다. 왜냐하면, 해당 정류장들에는 탑승객은 있으나 하차객이 없거나, 그 반대의 경우이기 때문이다. 하지만 정류장 1, 2, 5에서는 정차한다.

- 엘레나와 칼리나는 정류장 3에서 탑승하려 하나, 버스가 정차하지 않으므로 탑승하지 못한다.
- 바실은 정류장 1에서 탑승하지만, 정류장 4에서 하차해야 하나, 버스가 정류장 4에 정차하지 않으므로 내릴 수 없다.

따라서 바실, 엘레나, 칼리나는 원하는 정류장에 도달하지 못한다.

핵심 주제 및 참고 웹사이트

▶ 조건문(Conditional Statement): https://en.wikipedia.org/wiki/Conditional_(computer_programming)
▶ 논리연산(Logical Operation): https://press.rebus.community/programmingfundamentals/chapter/logical-operators/

문제 속의 정보과학

이 문제는 정류장에 정차하는 규칙의 변화를 인식해야 하는 문제이다. 기존에는 승객이 타거나 내릴 때 정차한다면, 이번에는 버스에 타려는 승객과 내리려는 승객이 모두 있는 경우에만 정차하는 것으로 규칙이 변경되었다. 이러한 규칙은 조건문과 논리 연산을 통해 모델링할 수 있으며, 이는 실제 교통 시스템과 같은 현실의 문제를 정보과학 관점에서 추상화한 것이다. 시간의 흐름에 따라 버스 안에 있는 승객의 상태를 추적해야 하며, 각 정류장마다 승객이 타거나 내리는지 조건을 판단해야 한다.

그룹 Ⅳ : 02 비버나무

정답 C)

해설

비버 댐(🦫)을 만들기에 좋은 나무에 대한 정보는 라디나의 tableL에서만 찾을 수 있다. 하지만 에밀이 나뭇잎에 대한 정보만 가지고 있다면 tableL에서 행을 선택할 수 없다. 에밀은 나무 종(🌳) 또는 나무의 색상(🎨)에 대한 정보를 얻어야 한다. 쿼리나의 tableQ에는 나뭇잎에 대한 참조가 없지만 세브린의 tableS에는 있다. 에밀은 나뭇잎의 모양을 알기 때문에 tableS의 올바른 행을 선택하고 나무 종(🌳)에 대한 누락된 정보를 얻을 수 있다. 그런 다음 tableL의 올바른 행을 선택하여 목재에 대한 누락된 정보를 얻을 수 있다.

예를 들어, 나뭇잎이 참나무 잎인 경우 에밀은 tableL에서 올바른 행을 선택하고 참나무가 오두막을 짓기에 좋은 비버 목재가 아니라는 것을 알 수 있다.

표들은 하나의 공통 정보인 나무 종(🌳)을 통해 서로 연결된다. 표 중 하나에서 특정 정보 하나를 선택할 수 있으면 모든 표의 모든 정보에 액세스할 수 있다.

핵심 주제 및 참고 웹사이트

▶ 관계형 데이터베이스(Relational Database): https://en.wikipedia.org/wiki/Relational_database
▶ 구조화 질의어(SQL, Structured Query Language): https://en.wikipedia.org/wiki/SQL

문제 속의 정보과학

이 문제는 관계형 데이터베이스의 기본 개념을 설명한다. 에밀의 친구들이 만든 표들은 데이터베이스의 테이블을 나타내며, 각 열은 속성이고 각 행은 레코드 또는 튜플이다. 공통 트리 종 속성을 통한 테이블 간의 연결은 테이블 간의 관계를 설정하는 관계형 데이터베이스의 외래 키 개념에 해당한다.

에밀이 잎 모양을 기준으로 댐에 적합한 목재에 대한 정보를 검색하는 것은 일반적인 데이터베이스 쿼리를 반영한다. 이 쿼리에서는 원하는 정보를 얻기 위해 여러 테이블을 조인해야 한다. 조인 작업은 공통 키를 기반으로 서로 다른 테이블의 행을 결합하여 여러 테이블에 분산된 데이터를 검색하고 단일 결과 집합(나무 종, 잎 모양 및 비버 댐을 위한 목재)으로 병합할 수 있다.

그룹 Ⅳ : 03 그림 변환

😊 정답   C)

💬 해설

아래는 각 선택지에 따른 연산을 단계별로 적용했을 때의 결과이다.

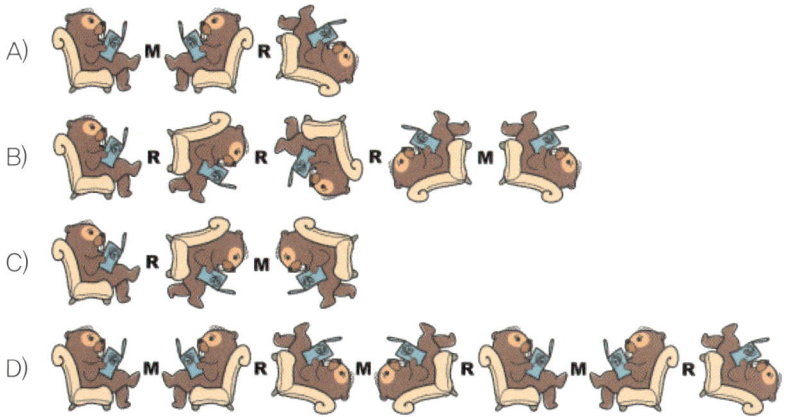

● 핵심 주제 및 참고 웹사이트

▶ 알고리즘(ALgorithm): https://en.wikipedia.org/wiki/Algorithm
▶ 시뮬레이션(Simulation): https://en.wikipedia.org/wiki/Simulation

● 문제 속의 정보과학

정보과학의 핵심 역량 중 하나는 명확히 정의된 기본 연산의 순서를 따라 짧은 프로그램을 시뮬레이션하는 능력이다. 또한 일련의 연산을 통해 최종 출력이 어떻게 바뀌는지를 머릿속으로 시각화하는 능력도 매우 중요하다. 특히 로봇처럼 실제 물리적 대상에 대한 알고리즘을 다룰 때는 이러한 공간 추론 능력이 필수적이다.

게임 개발이나 애니메이션 같은 컴퓨터 프로그래밍 영역에서는 일련의 명령(회전, 반전, 이동 등)에 따라 화면상의 객체가 어떻게 바뀔지 예측하는 능력이 요구된다. 이 문항은 그러한 이미지 변환 시나리오를 간단한 프로그램 형태로 정신적으로 실행해 보는 능력을 평가한다. 이 과제는 주어진 연산 순서를 신중하게 확인하는 알고리즘적 사고력을 요구한다. 회전과 반전은 복잡한 시각적 연산이지만, 이를 M과 R이라는 단순한 기호로 표현함으로써 추상화(Abstraction)가 이루어진다. 학생은 이러한 추상화를 바탕으로 정확한 순서로 명령을 실행하고 결과를 예측해 한다.

그룹 Ⅳ : 04 좌회전 로봇

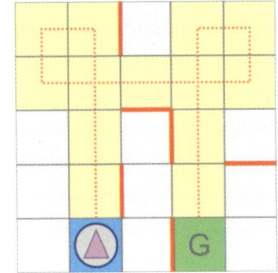

해설

왼쪽 그림에서 좌회전 로봇이 왼쪽으로만 이동하여 목표에 도달하는 방법과 선택해야만 하는 칸을 볼 수 있다. 오른쪽 그림에서는 좌회전 로봇이 어떻게 오른쪽으로 방향을 변경하는지 볼 수 있다.

문제에서 주어진 벽의 위치는 방문한 칸의 수가 더 적거나 같은 방법으로 목표에 도달할 수 있는 다른 방법을 허용하지 않는다.

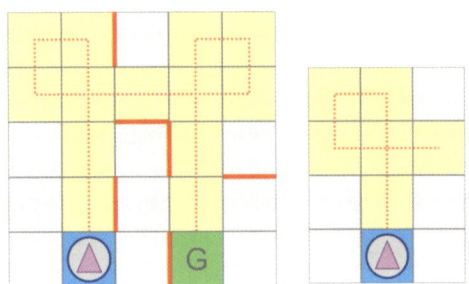

핵심 주제 및 참고 웹사이트

▶ 명령어 집합(Instruction Set): https://en.wikipedia.org/wiki/Instruction_set_architecture
▶ 서브루틴(Subroutine): https://en.wikipedia.org/wiki/Function_(computer_programming)

문제 속의 정보과학

로봇이 우회전하거나 벽을 넘을 수 있다면 격자 위에서의 이동이 훨씬 쉬워지겠지만, 이를 위해서는 더 많고 복잡한 명령어가 필요하다. 이 문제에서는 두 가지 기본 명령만으로 최단 경로를 구성하기 위해 알고리즘적 사고가 필요하다.

예를 들어, 좌회전 로봇은 회전 후 반드시 전진해야 한다는 규칙만 없애면 왼쪽으로 세 번 연속 회전함으로써 우회전하는 효과를 기대할 수 있으므로 모든 방향으로 이동할 수 있다. 벽을 넘어가기보다는 (가능하다면) 그냥 돌아갈 수도 있다. 프로그래머는 원하는 동작을 구현하기 위해 기본 명령어를 결합해 더 복잡한 명령어를 만드는 서브루틴을 만들어 사용할 수 있다.

그룹 IV : 05 엠마의 정원

 D)

이 문제를 해결하려면 알고리즘 접근 방식을 사용하거나 데이터 시각화를 사용할 수 있다.

알고리즘 접근 방식:

꽃의 피어 있는 기간이 매우 짧아서 가능한 한 빨리 피는 꽃을 선택하는 것부터 시작한다.

- 튤립은 심고 나서 2일째 피기 시작하고, 2일간 꽃이 피어 있다. → 다음 꽃은 4(=2+2)일째 피어 있으면서 가장 오래 유지되는 꽃을 선택한다.
- 4일째 피어 있는 꽃은 라벤더, 금잔화, 장미이며, 가장 오래 유지되는 장미는 3일째부터 6일간 꽃이 피어 있다. → 다음 꽃은 9(=3+6)일째에 피어 있으면서 가장 오래 유지되는 꽃을 선택한다.
- 9일째 피어 있는 유일한 꽃은 데이지로, 8일째 꽃이 피기 시작하여 4일간 꽃이 피어 있다. → 다음 꽃은 12(=8+4)일째에 피어 있으면서 가장 오래 유지되는 꽃을 선택한다.
- 12일째 피어 있는 유일한 꽃은 해바라기이며, 12일째 꽃이 피기 시작하여 5일간 꽃이 피어 있다.

이렇게 네 가지 꽃을 선택하면 처음 심고 나서 2일째부터 16일째까지 15(=16-2+1)일간 정원에서 매일 꽃이 피어 있는 모습을 볼 수 있다.

데이터 시각화:

또 다른 방법은 각 종류의 꽃이 피는 시기를 보여 주는 표를 만드는 것이다. 표에서 꽃이 피어 있는 날은 ◆로 나타내고, 심은 날로부터의 날짜 수에서 0은 오늘을 의미한다.

번호	이름	심은 날로부터의 날짜 수																
		0	1	2	3	4	5	6	7	8	9	10	11	12	13	14	15	16
1	데이지									◊	◊	◊	◊					
2	라벤더				◊	◊	◊	◊										
3	백합										◊	◊						
4	금잔화					◊	◊	◊										
5	난초														◊	◊	◊	
6	모란														◊	◊	◊	◊
7	장미				◊	◊	◊	◊	◊	◊								
8	해바라기													◊	◊	◊	◊	◊
9	튤립			◊	◊													

처음 심고 나서 2일째부터 16일째까지 15일간 정원에서 매일 꽃이 피어 있는 모습을 볼 수 있으려면 가장 먼저 2일째 꽃이 피는 튤립을 선택하고, 3일째 꽃이 피는 장미, 8일째 꽃이 피는 데이지, 12일째 꽃이 피는 해바라기를 선택하는 것이 유일한 방법이다.

핵심 주제 및 참고 웹사이트

▶ 탐욕적 알고리즘(Greedy algorithm): https://en.wikipedia.org/wiki/Greedy_algorithm
▶ 구간 커버링 알고리즘(Interval Covering Algorithm): https://www.youtube.com/watch?v=MKouCKXvIrg

문제 속의 정보과학

이러한 유형의 문제는 구간 커버링 알고리즘(Interval covering algorithm)을 사용하여 컴퓨터로 해결할 수 있다. 구간 커버링 알고리즘은 탐욕적 알고리즘의 한 종류로서, 최종 해법에 대한 전체적인 영향을 고려하지 않고 각 단계에서 최선의 선택을 함으로써 해법을 찾는 알고리즘이다.

그룹 Ⅳ : 06 빨간 망토 비버

정답 29개

해설

처음 출발할 때 빨간 망토 비버는 빵 40개를 가지고 있다. 길을 가면서 만나는 동물마다 통과하기 위해 주어야 하는 빵의 개수가 가장 적은 길을 선택한 결과, 할머니에게 40 − 5(비버에게 준 빵) − 3(다람쥐에게 준 빵) − 4(오소리에게 준 빵) = 28개의 빵을 가져다드릴 수 있다.

하지만 이것이 최선의 해결책인지 확인해 보자. 다른 가능한 길을 살펴보자.

- 여우–오소리 = 40 − 7 − 4 = 29
- 여우–다람쥐–오소리 >> –여우– 오소리 (다람쥐를 만나지 않고 직접 갈 수 있는 길이 있으므로 계산할 필요가 없다).
- 여우–다람쥐–곰 = 40 − 7 − 3 − 10 = 20
- 여우–다람쥐–늑대 = 40 − 7 − 3 − 8 = 22
- 비버–다람쥐–오소리 >> 우리는 이미 28개의 빵이 남는다는 것을 알고 있습니다.
- 비버–다람쥐–곰 = 40 − 5 − 3 − 10 = 22
- 비버–다람쥐–늑대 = 40 − 5 − 3 − 8 = 24
- 멧돼지–다람쥐–... >> 비버–다람쥐 시작이 멧돼지–다람쥐 시작보다 많아 계산할 필요가 없다.
- 멧돼지–늑대 = 40 − 6 − 8 = 26

따라서 여우, 오소리가 있는 길을 따라가면 할머니에게 가장 많은 빵인 29개를 가져다 줄 수 있다. 이는 각 단계에서 가장 적은 빵을 요구하는 동물을 선택하는 '탐욕스러운(Greedy)' 길을 따라간 경우보다 조금 더 많은 양이다.

정답을 찾는 또 다른 방법은 다음과 같다. 맨 위에 있는 길(여우 오소리)에서 이 길을 통과하려면 11개의 빵이 필요하다는 것을 기억할 수 있다. 이를 개선하려면 10개 이하의 빵으로 통과할 수 있는 경로를 찾아야 한다.

여우부터 시작해서 다람쥐를 만나 보자. 이 경로에는 이미 7 + 3 = 10개의 빵이 필요하고 빨간 망토 옷의 비버는 아직 할머니의 집에 도착하지 못했다. 앞으로 빨간 망토 비버는 더 많은 동물을 지나쳐서 더 많은 빵을 줄 것이다. 따라서 이 시작 경로는 그녀에게 도움이 되지 않는다.

비버부터 시작해서 다람쥐를 만나 보자. 이 경로에는 5 + 3 = 8개의 빵이 필요하다. 그러나 오소리, 곰 또는 늑대 등 다른 동물을 만나려면 항상 2개 이상의 빵이 필요하다. 따라서 이 시작 경로는 빨간 망토 옷의 비버에도 도움이 되지 않는다.

멧돼지부터 시작해 보자. 그를 무사히 지나친 후, 빨간 망토 비버는 총 4개 이하의 빵을 요구하는 동물들을 만나야 한다. 늑대와 곰은 빵을 4개 이상 달라고 한다. 빵 4개만 달라는 오소리에게 가려면 빵 3개만 달라는 다람쥐를 지나쳐야 한다. 따라서 이 경로는 빨간 망토 비버에게 적당하지 않다.

핵심 주제 및 참고 웹사이트

▶ 탐욕적 알고리즘(Greedy algorithm): https://en.wikipedia.org/wiki/Greedy_algorithm

문제 속의 정보과학

컴퓨팅에서는 제한된 자원을 현명하게 관리하는 것이 중요하다. 작업이나 프로그램이 진행됨에 따라 사용 가능한 자원(메모리, 처리 능력, 배터리 수명 등)이 줄어든다. 프로그램은 작업이나 프로그램을 완료하기 전에 자원 고갈을 방지하기 위해 자원 사용을 최적화해야 한다.

이 문제에서는 다음 단계에서 가장 적은 양의 빵을 요구하는 동물을 선택하는 것이 현명한 선택인 것처럼 보일 수 있다. 이는 각 결정 시점에서 최선을 선택하는 탐욕적 알고리즘(Greedy algorithm)을 적용하는 것으로, 해당 선택이 향후 결정에 어떤 영향을 미칠지 고려하지 않기 때문에 결과적으로 더 나은 해법을 간과할 수 있다. 욕심쟁이 알고리즘의 대안은 가능한 모든 해결책을 검토하기 위해 전체 탐색(Exhaustive search)하거나 동적 프로그래밍(Dynamic programming)을 사용하는 것이다.

그룹 Ⅳ : 07 전원 켜기

 **정답** 그림이 왼쪽으로 기울여져야 한다.

해설

사진이 똑바로 세워져 있으면 정확히 하나의 스위치(오른쪽 스위치)가 켜져 있으므로 표시등이 켜져 있어야 하는데, 이는 잘못된 것이다.	사진이 오른쪽으로 기울어져 있으면 스위치가 모두 꺼져 있지 않으므로(오른쪽 스위치가 켜져 있음) 불이 켜져 있어야 하는데 이 역시 잘못된 것이다.	조명이 꺼지는 유일한 방법은 사진이 왼쪽으로 기울어져 있고 두 스위치가 모두 켜져 있지 않으므로(왼쪽 스위치가 꺼져 있는 경우) 조명이 꺼져 있어야 한다.

핵심 주제 및 참고 웹사이트
▶ 논리 게이트(Logic Gate): https://en.wikipedia.org/wiki/Logic_gate

문제 속의 정보과학
논리 게이트는 이진 값(0 또는 1)에 대한 간단한 논리 연산을 수행하는 컴퓨터의 기본 구성 요소이다. 단순한 이진 입력에서 복잡한 연산을 가능하게 함으로써 현대 기술에서 중요한 역할을 담당한다.

이 문제의 그림은 논리 게이트 역할을 한다. 그림이 왼쪽으로 기울이면 AND 게이트 역할을 하여, 스위치가 둘 다 올려져 있을 때(모두 1일 때) 출력이 1이 되어 조명이 켜진다. 그림이 오른쪽으로 기울이면 OR 게이트로 작동하여, 스위치 둘 중의 1개 이상이 올려져 있을 때(모두 0이 아닐 때) 출력이 1이 되어 조명이 켜진다. 그림이 똑바로 서 있으면 XOR 게이트(배타적 OR)로 작동하여 입력이 다른 경우 즉, 스위치 하나는 올려져 있고 다른 하나는 내려져 있는 경우에만 출력이 1이 되어 조명이 켜진다.

그룹 IV : 08 막힌 도로

정답
(F)에서 (B)로 가는 도로 또는 (F)에서 (G)로 가는 도로

해설

각 도로를 하나씩 고려해 보면 다음과 같다.
- 도로 BA를 막으면 다른 공원에서 A로 갈 수 없게 되므로 막을 수 없다.
- 도로 BC를 막으면 A, B, F, G에서 C, D, E로 갈 수 없게 되므로 막을 수 없다.
- 도로 DC를 막으면 D에서 어디로도 갈 수 없게 되므로 막을 수 없다.
- 도로 CE를 막으면 다른 공원에서 E로 갈 수 없게 되므로 막을 수 없다.
- 도로 ED를 막으면 다른 공원에서 D로 갈 수 없게 되므로 막을 수 없다.
- 도로 EF를 막으면 다른 공원에서 F로 갈 수 없게 되므로 막을 수 없다.
- 도로 FG를 막아도 모든 공원 간 이동이 가능하므로 막을 수 있다. 예를 들어, F에서 G로 가려면 F → B → A → G 경로를 이용하면 된다.
- 도로 FB를 막아도 모든 공원 간 이동이 가능하므로 막을 수 있다. 예를 들어, F에서 B로 가려면 F → G → B 경로를 이용하면 된다.
- 도로 AG를 막으면 A에서 어디로도 갈 수 없게 되므로 막을 수 없다.
- 도로 GB를 막으면 G에서 어디로도 갈 수 없게 되므로 막을 수 없다.

따라서 막을 수 있는 도로는 FG 또는 FB이다.

핵심 주제 및 참고 웹사이트
▶ 방향 그래프(Directed Graph): https://en.wikipedia.org/wiki/Directed_graph

문제 속의 정보과학
방향 그래프는 노드(공원) 집합과 유향 간선(도로) 집합으로 구성된다. 방향 그래프에서 화살표의 방향을 따르면서 모든 노드에 다른 모든 노드로부터 도달할 수 있는 경로들이 존재할 때 강연결 그래프(strongly connected graph)라고 한다. 방향 그래프는 정보과학에서 다양한 분야의 문제를 모델링하는 데에 사용되는 매우 중요한 데이터 구조이다.

그룹 IV : 09 안개 낀 날

정답 7시간

해설

다음 그림은 안개가 각 위치를 덮는 데 걸리는 시간을 보여 준다. 마지막 집은 7시간 후에 덮일 것이다.

	1	⛰	⛰	3	2	1	
	1	2	3🏠	4	3	2	1
1	2	3	⛰	5	⛰	⛰	2
⛰	3	3🏠	⛰	6	7🏠	⛰	3
3🏠	2	2	3	⛰	8	⛰	4
⛰	1	1	2	⛰	7	6	5🏠
			1	2	⛰	7	6

이 모든 숫자를 계산하고 채울 필요는 없다. 대신, 각 집에 초점을 맞춰 가장 가까운 안개까지의 '거리'를 구하면 된다. 이 거리 중 가장 큰 거리는 '7'이다.

핵심 주제 및 참고 웹사이트

▶ 너비 우선 탐색(Breadth-First-Search): https://en.wikipedia.org/wiki/Breadth-first_search

문제 속의 정보과학

이 문제는 너비 우선 탐색(BFS)이라고 하는 격자를 탐색하는 방법을 탐구한다. 일반적으로 하나의 위치에서 시작하는데, 이 문제에서는 여러 위치에서 동시에 시작하므로 다중 소스 BFS라고 하는 방식을 사용하게 된다. 또한 각 목표 주택에 도달하는 거리(이 문제에서는 시간 단위로 측정)를 알고자 하기 때문에 다중 목표 BFS이기도 하다

BFS는 원래 위치에서 시작하여 해당 위치의 이웃(거리 1), 그리고 이웃의 이웃(거리 2) 등으로 이동한다. 즉, 거리가 증가하는 순서대로 위치를 탐색하게 된다. 이 경우에는 격자가 있고 각 위치에는 최대 4개의 이웃이 있다. BFS는 매우 일반적이며 다른 유형의 지도를 탐색하는 데에도 사용할 수 있다.

그룹 Ⅳ : 10 두레

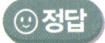 B)

표에 따라 각 요일별로 두레에 참여 가능한 주민 수를 정리하면 다음과 같다.

　월요일: 4명

　화요일: 4명

　수요일: 4명

　목요일: 3명

　금요일: 3명

　토요일: 4명

　일요일: 1명

(규칙 1) 각 두레 날에 최소 4명이 참여해야 한다.

따라서 유효한 요일은 월, 화, 수, 토요일이며, 이들 중에서 3일을 선택해야 한다.

가능한 조합은 다음과 같다.

　월요일 / 화요일 / 수요일

　월요일 / 화요일 / 토요일

　월요일 / 수요일 / 토요일

　화요일 / 수요일 / 토요일

(규칙 2) 모든 주민은 반드시 하루 또는 이틀 두레에 참여해야 한다.

다희는 월, 화, 수, 토 중에서 화요일에만 가능하다.

마영이는 월, 화, 수, 토 중에서 월요일에만 가능하다.

따라서 화요일과 월요일은 반드시 포함되어야 한다.

(규칙 3) 두레의 날이 정해지면, 해당 요일에 작업 가능한 주민은 모두 참여해야만 한다.

만일 월요일 / 화요일 / 수요일을 택하면 나연이는 (규칙 1)과 (규칙 3)에 의해 3일 모두 참여해야 하므로 (규칙 2)를 위반하게 된다.

따라서 수요일은 제외되어야 한다.

결론적으로, 3개의 규칙을 모두 만족하는 유일한 경우는 'B) 월요일, 화요일, 토요일'이다.

핵심 주제 및 참고 웹사이트

▶ 제약 조건 충족 문제(Constraint Satisfaction Problem): https://en.wikipedia.org/wiki/Constraint_satisfaction_problem

문제 속의 정보과학

제약조건 충족 문제(Constraint Satisfaction Problem, CSP)란 주어진 모든 제약조건을 만족하는 해답을 찾는 문제이다. 이러한 문제는 시간표 작성, 일정 계획, 자원 배분 등과 같이 일상생활에서도 자주 등장한다. 이 문제는 두레 요일을 선정하기 위해 각 요일을 변수로 보고, 그 요일에 누가 참여 가능한지, 그리고 참여 인원수나 개인별 참여 제한 같은 조건들을 고려하여 모든 제약조건을 만족하는 조합을 찾는 전형적인 제약조건 충족 문제라고 할 수 있다.

그룹 IV : 11 재미있는 워터슬라이드

정답 D)

해설

비버가 갈림길을 통과할 때마다 출구 방향이 바뀌므로 처음 두 비버가 지나간 후, 각 갈림길의 출구 방향을 추론할 수 있다.

아래 그림에서 보듯, 첫 번째 비버는 슬라이드 B로 나온다. 이를 통해 첫 번째 갈림길에서는 왼쪽으로, 두 번째 갈림길에서는 오른쪽으로 갔음을 알 수 있다.

그 후, 이 두 갈림길의 출구 방향은 바뀐다: 첫 번째 갈림길은 오른쪽, 두 번째 갈림길(아래 왼쪽)은 왼쪽으로 바뀌게 된다.

이 시점에서는 아직 아래 오른쪽 갈림길의 출구 방향은 확실하지 않다.

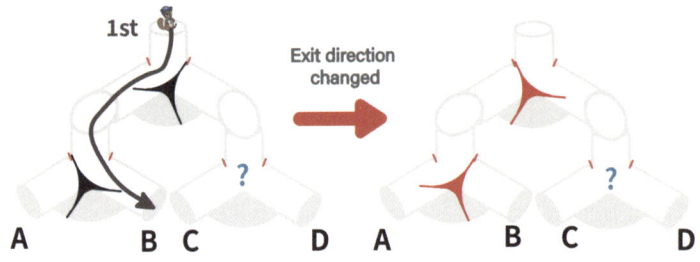

마찬가지로, 아래 그림에서 보듯 다음 비버는 슬라이드 C로 나온다. 이를 통해 비버가 지나가기 전에는 아래 오른쪽 갈림길의 출구 방향이 왼쪽이었고, 비버가 지나간 후에는 오른쪽으로 바뀌었음을 알 수 있다.

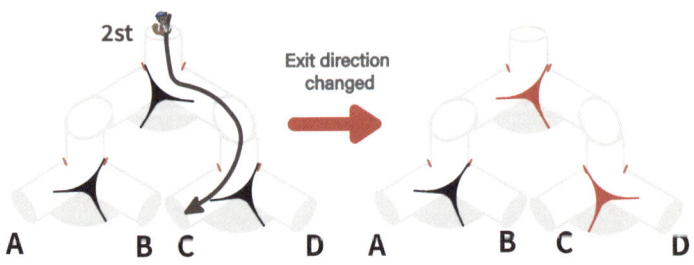

이 시점에서는 모든 갈림길의 출구 방향을 알게 되었으므로, 댄 바로 앞의 비버가 지나가는 경로와 그 후 갈림길의 출구 방향 변화를 아래 그림과 같이 추적할 수 있다.

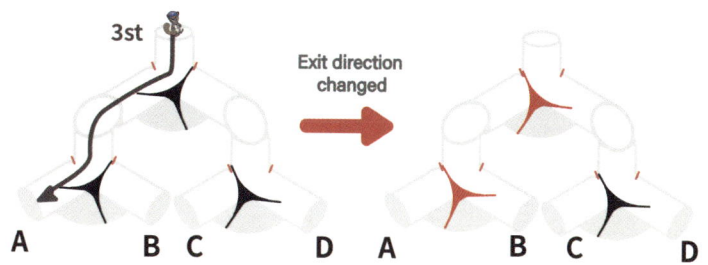

결론적으로 댄이 아래 그림과 같은 경로를 따라가 슬라이드 D로 나오게 된다는 것을 알 수 있다.

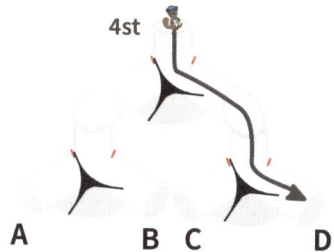

핵심 주제 및 참고 웹사이트

▶ 조건문(Conditional Statement): https://en.wikipedia.org/wiki/Conditional_(computer_programming)

문제 속의 정보과학

이 문제에서 갈림길의 방향이 매번 바뀌는 방식은 디지털 회로의 플립플롭(Flip-Flop)과 매우 비슷하다. 플립플롭은 1비트의 데이터를 저장하고 두 상태 사이를 전환하는 기본 단위로서, 각 갈림길은 플립플롭처럼 작동하여 사용될 때마다 1은 0으로 0은 1로 상태를 바꾼다. 비버가 최종적으로 어디에 도달할지 알아내기 위해, 각 결정 단계마다 단계별로 시뮬레이션해야 한다. 이는 프로그래밍에서의 코드 추적과 유사한데, 프로그램의 논리를 한 줄씩 따라가며 어떤 결과를 생성하는지 확인하는 과정이다.

그룹 IV : 12 비버 섬의 우편집배원

정답 4일

해설

마을 J에서 시작하여 편지가 각 마을에 도달하는 데 걸리는 일수를 추적하고 답을 찾을 수 있다.

- 1일차: 마을 E, G, H, M이 편지를 받는다.
- 2일차: 마을 B, C, D, I, K, N, O, L이 편지를 받는다.
- 마을 B와 C는 E로부터 편지를 받는다.
- 마을 D와 I는 G로부터 편지를 받는다.
- 마을 K와 N은 H로부터 편지를 받는다.
- 마을 N, O, L은 M으로부터 편지를 받는다.
- 3일차: 마찬가지로 마을 A, F, P, R이 편지를 받는다. 이 시점에서는 마을 Q만이 아직 편지를 받지 못했다.
- 4일차: 마을 Q가 F와 A로부터 편지를 받는다.

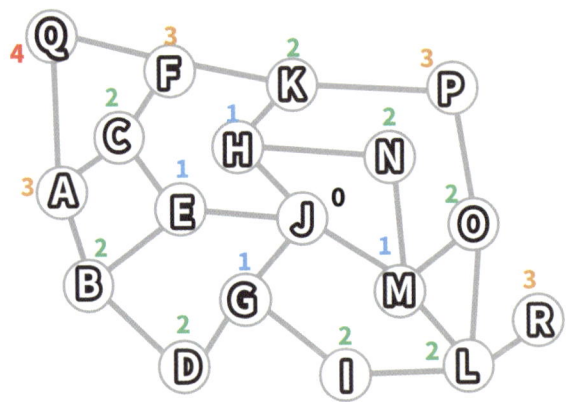

따라서 모든 마을이 마을 J의 메시지를 받으려면 총 4일이 걸린다.

핵심 주제 및 참고 웹사이트

▶ 너비 우선 탐색(Breadth-First-Search): https://en.wikipedia.org/wiki/Breadth-first_search

🛢 문제 속의 정보과학

이 문제에서 편지를 전달하는 과정은 그래프에서 노드를 체계적으로 탐색하거나 검색하는 BFS(너비 우선 탐색) 알고리즘을 수행하는 것과 유사하다. BFS 알고리즘은 특정 노드에서 시작하여 먼저 인접 노드를 방문한 다음, 방문하지 않은 인접 노드를 발견하는 순서대로 계속 방문한다. BFS의 핵심 개념은 '계층별 확장'으로, 시작 지점과 가까운 노드를 먼저 탐색한 후 더 먼 노드로 확장하는 것이다.

검색 엔진이 링크를 통해 웹 페이지를 계층별로 크롤링하고, 소셜 미디어 플랫폼이 한 사용자로부터 다른 사용자로 메시지가 확산되는 방식을 분석하며, 공중 보건 당국이 접촉자를 추적하고 전염병의 확산을 시뮬레이션하는 등 BFS의 실제 적용 사례는 다양하다.

그룹 Ⅴ : 중학교 2~3학년용

그룹 Ⅴ : 01 메시지 전달

정답 C)

해설

정답을 알아내기 위해서는 친구들 사이에 메시지가 전파되는 과정과 메시지 전달이 끝났을 때 최대로 몇 명에게 전달되는지 알아내야 한다. 문제에서 주어진 정보를 다음과 같은 방향 그래프(Directed graph)로 바꾸어 그리면 가장 많이 전달될 수 있는 친구를 쉽게 알아낼 수 있다.

각 친구들로부터 시작해서 어떤 친구들을 통해서 몇 명까지 전파될 수 있는지 세어보면 답을 알아낼 수 있다.

- 아나부터 시작하면 아나-프랭크-아나로 끝나고 2명에게까지만 메시지가 전파된다.
- 마찬가지로 프랭크로 시작해도 프랭크-아나-프랭크로 끝나고 2명에게까지만 메시지가 전파된다는 것을 알 수 있다.
- 존부터 시작하면 존-크루즈-존으로 끝나고 2명에게까지만 전파되고, 크루즈부터 시작하면 크루즈-존-크루즈로 2명까지 전파될 수 있다.
- 루이스부터 시작하면 루이스-크루즈-존-크루즈로 끝나면서 3명까지 전파될 수 있는데, 벨부터 시작하면 벨-루이스-크루즈-존-크루즈로 끝나면서 4명까지 전파될 수 있다.

따라서 루이스부터 메시지를 보내면 된다는 것을 알 수 있다.

핵심 주제 및 참고 웹사이트

▶ 인접 행렬(Adjacency Matrix): https://en.wikipedia.org/wiki/Adjacency_matrix
▶ 방향 그래프(Directed Graph): https://en.wikipedia.org/wiki/Directed_graph

문제 속의 정보과학

문제에서 주어진 표는 친구들 사이에 메시지 전달이 가능한 것을 표현한 인접 행렬(Adjacency matrix)이라고 할 수 있다. 이러한 인접 행렬은 가능한 전달 방향을 화살표 간선(Edge)으로 표시하고 친구들을 정점(Vertex)으로 표현하는 방향 그래프(Directed graph)로 바꾸어 표현할 수 있다.

그래프는 데이터들 뿐만 아니라 데이터들 사이의 관계를 함께 표현할 수 있는 자료 구조로서 정점은 노드(Node), 간선을 링크(Link)라고 부르기도 한다.

그룹 V : 02   LED 조각 교체

정답 4E

해설

디지털 시계에 표시되는 4개의 숫자들은 서로 다른 시간 주기로 0부터 9까지 순서대로 바뀐다는 것을 알 수 있다. 따라서 가장 왼쪽의 숫자는 가장 적게 바뀌고, 가장 오른쪽에 분을 나타내는 숫자가 가장 자주 바뀐다는 것을 알 수 있고, 가장 오른쪽에 있는 7-세그먼트의 LED 조각들 중에서 가장 먼저 수명이 다할 것이라는 것을 알아낼 수 있다.

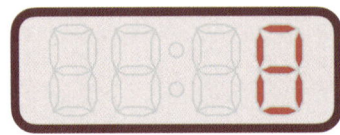

따라서 가장 오른쪽에 있는 7-세그먼트의 LED 조각들 중에서 가장 먼저 수명이 다할 것이라고 생각할 수 있는 조각은 7-세그먼트가 0부터 9까지 순서대로 바뀌면서 불이 꺼졌다가 켜질 때, 각각의 조각들이 꺼졌다가 켜지는 횟수를 세어보면 된다.

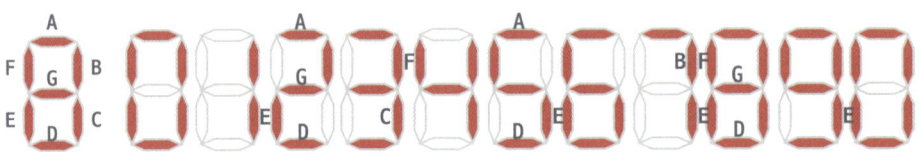

7-세그먼트의 7개 LED가 사용되는 숫자와 각각의 LED가 꺼졌다가 켜지는 횟수를 다음과 같은 표로 정리할 수 있다.

LED 조각	사용되는 숫자	꺼졌다가 켜지는 횟수
A	2, 5	2
B	7	1
C	2	1
D	2, 5, 8	3
E	2, 6, 8, 0	4
F	4, 8	2
G	2, 8	2

따라서 4E 조각이 가장 먼저 수명이 다할 것이라는 것을 알아낼 수 있다.

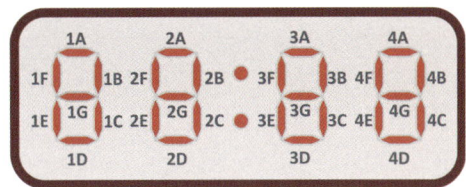

핵심 주제 및 참고 웹사이트

▶ 7-세그먼트(7-Segment): https://en.wikipedia.org/wiki/Seven-segment_display

문제 속의 정보과학

7-세그먼트는 일반적으로 시간을 표시하는 데 주로 사용되며, 디지털 장치에서 숫자를 출력하는 데에도 일반적으로 사용된다. 7개의 LED 조각을 사용해서 0부터 9까지의 숫자들을 나타내기 때문에 '7-세그먼트'라고 부른다.

컴퓨터를 비롯한 디지털(Digital) 장치의 내부에서는 모든 데이터를 0 또는 1로만 표현, 저장, 처리할 수 있는 2진법(Binary) 체계를 사용하지만, 사람이 알아보기 쉬운 문자나 숫자의 형태로 바꾸어 나타내주어야 한다. 계산기 등에서 자주 사용되는 간단한 출력 장치인 7-세그먼트는 컴퓨터 내부에 저장되어 있는 데이터를 10진법(Decimal) 체계의 숫자 형태로 바꾸어 출력해 주는 데 사용된다.

이 문제에서는 7-세그먼트의 각 조각들이 꺼져 있다가 켜질 때 수명이 줄어든다는 상황을 가정하고 가장 많이 꺼졌다가 켜지는 조각을 찾아내야 한다.

그룹 V : 03 특별한 장치

정답 B)

해설

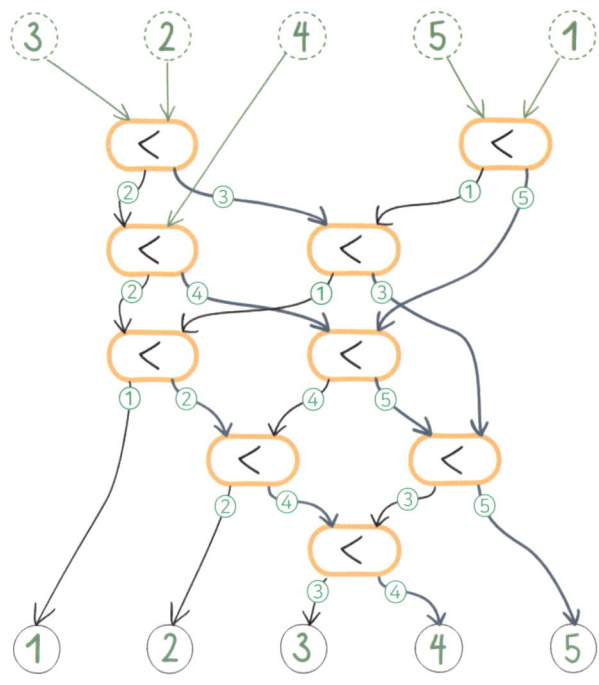

가장 위에서 입력된 수들이 아래로 내려가면서 서로 만나는 두 수끼리 비교되고 자리가 바뀌면서 가장 마지막에는 1, 2, 3, 4, 5 순서로 정렬되기 때문에 A), C), D)는 답이 될 수 없다.

핵심 주제 및 참고 웹사이트
▶ 정렬 네트워크(Sorting Network): https://en.wikipedia.org/wiki/Sorting_network

문제 속의 정보과학
이 문제에서 제시된 특별한 장치는 정렬 네트워크(Sorting network)를 그림으로 표현한 것이라고 할 수 있다. 정렬 네트워크는 데이터를 연결된 경로를 따라 이동시키면서 이동 과정에서 서로 만나게 되는 위치에 두 값의 크기를 비교한 후 크기에 따라 경로를 바꾸어 주는 간단한 비교기를 여러 개 사용해서 만들 수 있다.

비교기는 입력된 2개의 값을 비교한 후, 작은 값을 왼쪽으로 큰 값을 오른쪽으로 이동시키는 작업을 한다. 비교기들을 충분히 사용하면 원하는 개수의 데이터를 크기에 따라 정렬할 수 있는데, 5개의 수가 입력되는 경우에는 최소 9개의 비교기가 필요하고, 6개의 수가 입력되는 경우에는 최소 12개의 비교기가 필요하다.

이러한 정렬 네트워크는 편리하게 사용될 수 있다. 왜냐하면, 일반적으로 빠르고 효과적인 정렬 과정이나 방법은 검색 엔진에서 얻어진 결과들을 빠르게 정렬해 줌으로써 원하는 데이터를 찾는 탐색 작업을 더 쉽게 만들어 줄 수도 있고, 정렬 네트워크를 통한 정렬 알고리즘은 동시에 병렬로 수행될 수 있어서 매우 빠르고, 다양한 목적의 계산을 위해 사용할 수 있는 GPU 내부에서 간단한 구조의 하드웨어로 싸게 만들 수도 있기 때문이다.

하지만 정렬 네트워크는 입력되는 데이터의 개수를 필요에 따라 바꿀 수 없고, 입력되는 데이터의 개수가 늘어나면 늘어날수록 더 많은 개수의 비교기가 필요하게 된다는 단점을 가지고 있다.

그룹 V : 04 가계도

father (mother (Annika)) = father (mother (mother (Daniel)))

해설

일단 먼저, 왼쪽의 father(mother(Annika))가 에밀(Emil)을 가리킨다는 것을 알 수 있다. 에밀은 아니카의 엄마의 아빠(아니카의 외할아버지)이다.

문제에서 주어진 오른쪽 표현식의 빈칸을 채우기 위해서는 다니엘과 에밀 사이의 관계를 살펴보아야 한다.

다음과 같은 과정으로 다니엘부터 시작해서 에밀까지 한 번에 한 세대씩 위로 올라가면서 다니엘과 에밀 사이의 관계를 알아낼 수 있다.

1. 다니엘의 바로 위, 한 세대 위로 올라가면 다니엘의 엄마가 있고 mother(Daniel)로 표현할 수 있다.
2. 다시 한 세대 위로 올라가면 다니엘의 외할머니가 있으므로 mother(mother(Daniel))로 표현할 수 있다.
3. 그 위로, 한 세대 더 올라가면 에밀이 아빠로 연결되므로 father(mother(mother(Daniel)))로 표현할 수 있다는 것을 알아낼 수 있다.

핵심 주제 및 참고 웹사이트

▶ 함수(Function): https://en.wikipedia.org/wiki/Function_(computer_programming)

문제 속의 정보과학

이 문제에서는 어떤 값을 표현하기 위해서 함수(Function)를 중첩(Nest)하거나 결합하는 방법을 다루고 있다. 컴퓨터 프로그래밍에서 함수(Function)를 정의하면 편리하게 불러 반복해서 사용할 수 있다.

"f(p)"라는 함수가 있다고 한다면, "f"는 함수의 이름이고 "p"는 함수에게 어떤 입력값을 전달할 때 사용하는 매개변수(Parameter)이다. 예를 들어, multipy_by_two(3)이라는 함수 호출이 있다면 mutiply_by_two는 함수의 이름이고, 3은 함수에게 전달되는 값이 매개변수인 것이다. 매개변수는 함수에게 값을 전달할 때 사용하는 특별한 변수로서, 때에 따라 '전달인자(Arguments)'라고 표현하기도 한다.

문제에서 제시된 father(), mother()는 함수이고, 이 두 함수를 사용하면 그러한 관계에 따른 비버를 반환(Return)한다고 생각할 수 있다. 함수를 중첩해서 사용하면 가장 안쪽의 함수가 먼저 실행된 후 결과값이 반환되고, 그렇게 반환된 결과값이 다시 바깥쪽 함수의 입력으로 사용되는 과정이 반복된다. 따라서 father(mother(mother(Daniel)))은 다니엘의 엄마의 엄마의 아빠를 의미하게 되는 것이다. 이러한 형태의 함수 중첩은 대부분의 프로그래밍 언어에서 사용할 수 있으며, Scheme와 같은 함수형 프로그래밍 언어에서는 특히 더 중요하다.

한편, 문제에서 제시된 비버 가계도에서는 위에서 아래로 내려가며 할아버지, 할머니, 아버지, 어머니 등을 세대별로 관계별로 연결시켜 표현되어 있다. 이러한 계층 구조는 데이터베이스(Database)나 웹사이트에 포함되어 있는 XML 구조 등 여러 요소들 사이의 관계들을 분석하거나 지정하는 데 효과적으로 사용될 수 있다.

그룹 Ⅴ : 05 원형 식탁

정답 E)

해설

첫 번째 정보에서 데이비드의 왼쪽에 브루노가 앉아 있다고 했기 때문에, 데이비드의 맞은편에는 브루노가 앉아 있을 수 없다. 따라서 C)와 D)는 정답이 될 수 없다.

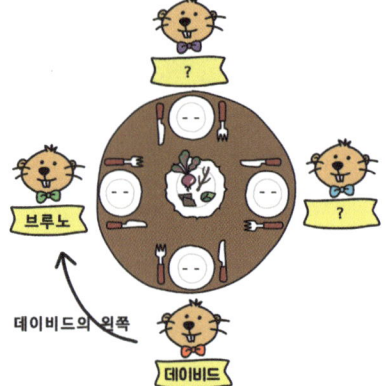

이제 아니타와 클라라는 ? 위치에 앉아야 하는데, 두 번째 정보에서 클라라의 오른쪽에 앉은 비버는 뿌리를 먹고 있기 때문에 아래 그림처럼 아니타와 클라라가 앉아 있어야 하고, 브루노는 뿌리를 먹고, 아니타는 잔가지를 먹고 있다는 것을 알 수 있다. 왜냐하면, 클라라의 오른쪽에 아니타가 앉는다고 가정하면 세 번째 정보에서 아니타가 잔가지를 먹고 있다는 것과 모순이 되기 때문이다.

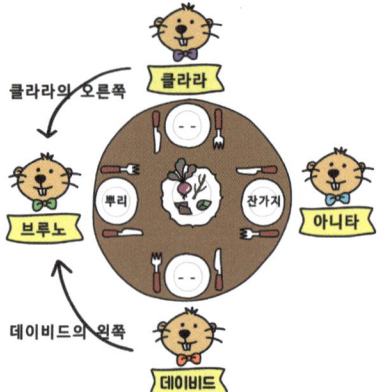

네 번째 정보에서 아니타의 오른쪽 비버가 나무껍질을 먹고 있으므로 다음과 같이 클라라가 나무껍질을 먹고, 데이비드는 새순을 먹고 있다는 것을 알 수 있다.

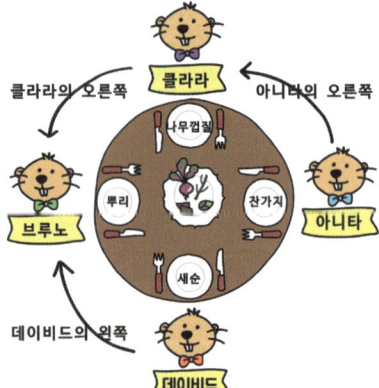

따라서 데이비드의 맞은편에 앉은 비버는 클라라이고 나무껍질을 먹고 있다.

핵심 주제 및 참고 웹사이트

▶ 추론 엔진(Inference Engine): https://en.wikipedia.org/wiki/Inference_engine

문제 속의 정보과학

인공지능(Artificial intelligence)에서 추론 엔진(Inference engine)은 논리적인 규칙에 따라 기존의 지식 데이터로부터 새로운 정보를 추론해 내는 역할을 하는 요소를 말한다.

이 문제에서는 "X가 Y의 왼쪽에 앉아 있다."라는 정보를 통해서 "Y가 X의 오른쪽에 앉아 있다."라는 정보를 알아낼 수 있는데, 이러한 것을 추론 엔진을 통해 알아낼 수 있어야 한다.

추론 엔진은 사진들을 인식하여 분류하거나, 단어들의 의미를 분석하거나, 주변 물체들을 인식하고 자동차를 움직이는 자율 주행 자동차 등에 사용될 수 있다.

그룹 V : 06 시험 일정 잡기

😊 정답

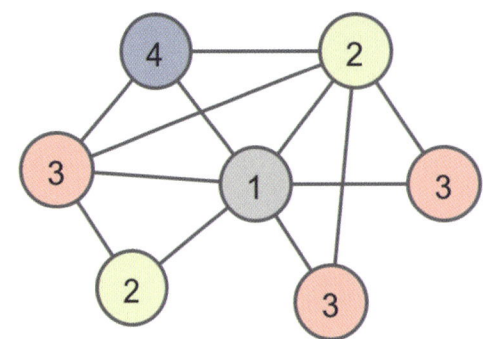

💬 해설

문제에서 주어진 규칙에 따라 다음과 같은 과정으로 정답을 알아낼 수 있다.

① 가운데에 있는 원(과목)이 6개의 원(과목)들과 가장 많이 연결되어 있으므로 1일에 배치한다.

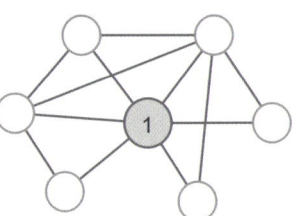

② 그다음으로 5개의 원과 연결되어 있는 과목을 2일로 배치한다.

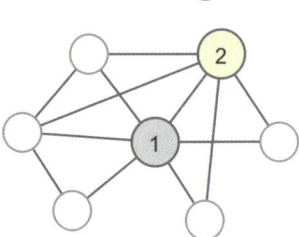

③ 그다음으로 4개의 원과 연결되어 있는 과목을 3일로 배치한다.

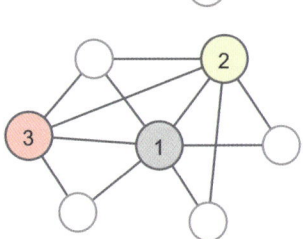

④ 그다음으로 3개의 원과 연결되어 있는 과목을 4일로 배치한다.

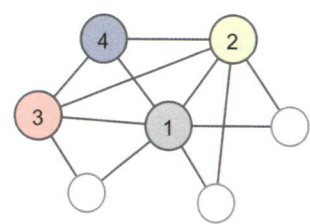

⑤ 마지막으로 2개의 원과 연결된 과목들이 3개가 남는데, 각각 연결된 다른 과목들에 배치된 날을 피해서 가장 빠른 날로 배치를 하면 다음과 같이 배치할 수 있다. 1일과 3일로 연결된 과목은 2일로 배치하고, 1일과 2일로 연결된 과목은 3일에 배치하면 된다.

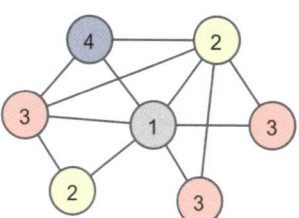

핵심 주제 및 참고 웹사이트

▶ 그래프(Graph): https://en.wikipedia.org/wiki/Graph_(discrete_mathematics)
▶ 그래프 색칠(Graph coloring): https://en.wikipedia.org/wiki/Graph_coloring

문제 속의 정보과학

이 문제에서는 학생들이 시험 보는 과목을 원으로 나타내고, 여러 과목의 시험을 치러야 하는 학생들 간의 관계를 원 사이에 직선으로 연결해 표현하였다.

이렇게 원 모양의 정점(Vertex)과 선 모양의 간선(Edge)을 사용해서 데이터와 데이터들 사이의 관계를 함께 표현한 것을 그래프(Graph)라고 한다. 정점을 노드(Node), 간선을 링크(Link)라고 부르기도 한다.

이 문제에서는 정점에 서로 다른 색으로 표현되어 있는 숫자를 배치시켜야 하는데, 서로 연결되어 있는 정점을 서로 다른 값이나 색으로 칠해야 하는 그래프 색칠 문제(Graph coloring problem)와 관련이 있다.

그래프 색칠 문제는 이 문제와 같은 시험 일정 만들기, 지도에서 어떤 지역이나 나라를 주변과 다르게 칠해야 하는 지도 색칠, 모바일 기기들 사이에 서로 간섭하지 않도록 하기 위한 주파수 할당, 이벤트 행사에서 서로 싫어하는 사람을 같은 테이블에 앉지 않도록 배치하기, 스도쿠(Sudoku)와 같이 서로 다른 행과 열에 배치시켜야 하는 퍼즐 문제, 기차나 비행기 승하차를 위한 게이트 할당과 같은 문제 상황들에서 효과적으로 사용될 수 있다.

그룹 V : 07 불 연산과 도형

정답

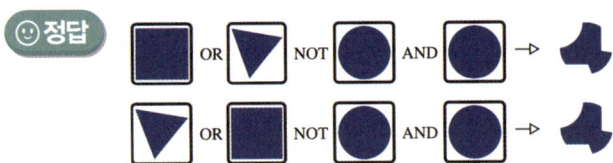

해설

결과에 포함되어 있는 모양의 특징들을 유심히 살펴보면 정답을 알아낼 수 있다.

- 부분을 살펴보면 두 개의 도형이 결합되었다는 것을 알 수 있다. OR 연산이 사용되면 두 도형을 결합한 모양을 만들 수 있으므로, ■ OR ▼ 나 ▼ OR ■ 방법으로 모양을 만들 수 있다.
- 부분을 살펴보면 원 모양이 잘라내졌다는 것을 알 수 있다. NOT 연산이 사용되면 어떤 도형에서 다른 도형 모양을 잘라낼 수 있으므로, 처럼 겹친 후 NOT ● 방법으로 원 모양 부분을 잘라낼 수 있다.
- 가장 바깥쪽에는 원 모양이라는 것을 알 수 있는데, AND 연산이 사용되면 두 도형이 겹쳐진 부분만 남게 되므로, 처럼 겹친 후 AND ● 방법으로 겹쳐진 부분만 남겨 모양을 만들 수 있다.

핵심 주제 및 참고 웹사이트

▶ 불 대수(Boolean algebra): https://en.wikipedia.org/wiki/Boolean_algebra#Boolean_operations
▶ 다각형 만들기 불 연산(Boolean operations for polygons):
  https://en.wikipedia.org/wiki/Boolean_operations_on_polygons

문제 속의 정보과학

불(Boolean) 연산자는 컴퓨터 그래픽 분야에서 자주 사용된다.

AND, OR, NOT 연산을 사용하면 간단한 도형들을 이용해서 복잡한 도형을 만들 수 있는데, 비트맵(Bitmap) 방식의 이미지뿐만 아니라 벡터(Vector) 방식의 이미지 생성 및 편집 프로그램에서도 일반적으로 사용할 수 있다.

불 연산자는 컴퓨터 하드웨어뿐만 아니라 소프트웨어에서도 중요하게 사용된다. 예를 들어, 서로 다른 조건식을 모두 만족하는 조건을 만들 때에는 AND, 서로 다른 조건식들 중에서 하나라도 만족하는 조건을 만들 때에는 OR 연산자를 사용할 수 있을 뿐만 아니라 어떤 조건을 제외한 모든 경우를 만들 때에는 NOT 연산자를 사용할 수 있다.

그룹 V : 08 주차 여유 공간

정답 B), C)

해설

2대의 학부모 차량이 기다리고 있기 때문에, 모든 차량을 주차한 후에 학부모 전용 공간(▨)이 1개 이상 남아야 한다. 따라서 학부모 전용 공간이 0개인 A)와 D)는 답이 될 수 없다.

B)를 살펴보면 2대의 학부모 차량은 학부모 전용 공간(▨)에 주차를 하고, 1대의 장애인 차량은 장애인 전용 공간(♿)에 주차를 했으며, 2대의 교직원 차량은 누구나 가능한 공간(▢)에 주차를 했다고 생각할 수 있다.

C)를 살펴보면 2대의 학부모 차량은 학부모 전용 공간(▨)에 주차를 하고, 1대의 교직원 차량은 교직원 전용 공간(▩)에 주차를 했으며, 2대의 교직원 차량은 누구나 가능한 공간(▢)에 주차를 했다고 생각할 수 있다.

자동차들이 순서대로 들어와서 주차 공간을 선택하는 것에 따라 다음과 같은 네 가지의 방법이 가능하다.

(방법1)

- 장애인 차량으로서 ♿ 공간에 주차한다.
- 교직원 차량이 ▩ 공간에 주차한다.
- 교직원 차량이지만 누구나 가능한 ▢ 공간에 주차한다.
- 2대의 학부모 차량이 ▨ 공간에 주차한다.

(방법2)

- 장애인 차량으로서 ♿ 공간에 주차한다.
- 교직원 차량이 ▩ 공간에 주차한다.
- 교직원 차량이지만 누구나 가능한 ▢ 공간에 주차한다.
- 1대의 학부모 차량이 누구나 가능한 ▢ 공간에 주차한다.
- 1대의 학부모 차량이 ▨ 공간에 주차한다.

(방법3)
- 장애인 차량이 ♿ 공간에 주차한다.
- 교직원 차량이 🟧 공간에 주차한다.
- 2대의 교직원 차량이 누구나 가능한 🟨 공간에 주차한다.
- 2대의 학부모 차량이 🟦 공간에 주차한다.

(방법4)
- 교직원 차량으로서 🟧 공간에 주차한다.
- 2대의 교직원 차량이 누구나 가능한 🟨 공간에 주차한다.
- 2대의 학부모 차량이 🟦 공간에 주차한다.

핵심 주제 및 참고 웹사이트

▶ 상태 공간 탐색(State space search) :
https://en.wikipedia.org/wiki/State-space_search

문제 속의 정보과학

어떤 문제 상황에서 가능한 상태들을 모두 탐색하여 특정 조건을 만족하는 경우를 모두 찾는 것을 상태 공간 탐색(State space search)이라고 할 수 있다. 이러한 상태 공간 탐색은 정보과학의 인공지능(Artificial intelligence) 분야에서 널리 사용되며, 어떤 초기 상태에서부터 가능한 목표 상태들의 개수뿐만 아니라 목표 상태까지의 바뀌는 경로를 알아낼 수도 있다.

이 문제에서 처음에 주어진 주차장의 전광판 상태를 '초기 상태'라고 한다면, 주차 대기 중인 차량들을 모두 주차한 이후의 상태를 '목표 상태'라고 할 수 있다. 문제에서는 가능한 상태를 모두 찾아야 한다.

그룹 V : 09 서울 여행

정답 경복궁 → 시청 → 남대문 → 남산타워 → 동대문시장

해설

관광지까지 이동한 거리와 그 관광지까지 이동했을 때의 인기도 합을 함께 표시하는 노드를 이용해서, 다음 관광지로 이동할 수 있는 경우들을 화살표를 사용해서 이동하는 순서대로 한 단계씩 그려 내려가 보면 쉽게 답을 알아낼 수 있다.

경복궁은 R, 민속촌은 F, 역사박물관은 H, 시청은 C, 동대문시장은 E, 남산타워는 N, 남대문은 S라고 하고, 경복궁에서 시작해서 각 관광지까지 이동했을 때의 이동 거리의 합과 인기도 합을 함께 묶어 하나의 노드로 나타낼 수 있다.

처음 시작하는 경복궁은 R(0, 0)이 되고, 경복궁에서 민속촌으로 이동한다고 하면 민속촌까지의 이동 거리 합은 2이고 인기도 합은 3이므로 F(2, 3)로 나타낼 수 있다. 따라서 경복궁에서 시작해서 다음 관광지까지 이동할 수 있는 경우들을 이동 거리 10 이내까지만 다음과 같은 도표로 그릴 수 있다.

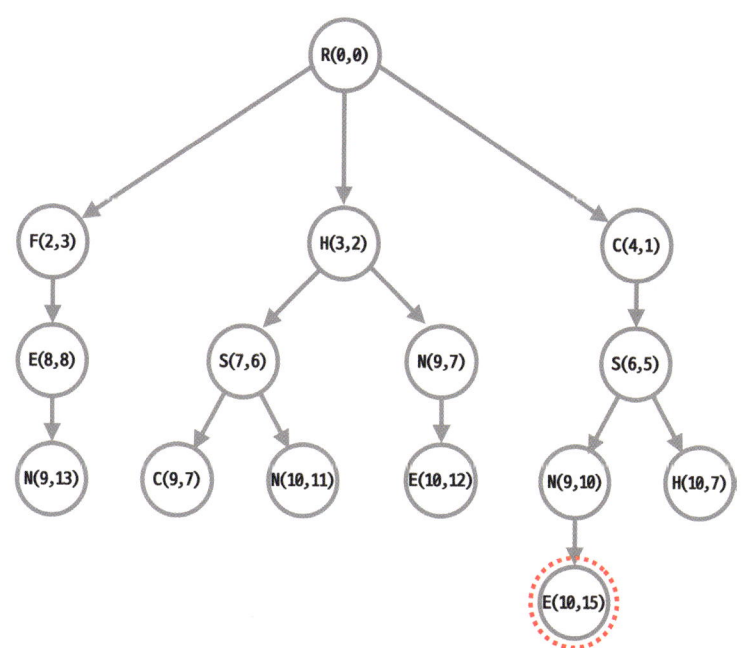

이동 거리의 합이 10 이내인 노드를 찾아보면 R → C → S → N → E 순서로 이동했을 때 인기도 합을 최대로 15까지 만들 수 있다는 것을 알아낼 수 있다.

따라서 경복궁 → 시청 → 남대문 → 남산타워 → 동대문시장으로 이동하는 것이 정답이라는 것을 알 수 있다.

핵심 주제 및 참고 웹사이트
▶ 그래프(Graph): https://en.wikipedia.org/wiki/Graph_(discrete_mathematics)
▶ 깊이 우선 탐색(Depth first search): https://en.wikipedia.org/wiki/Depth-first_search

문제 속의 정보과학

이 문제에서는 관광지들과 관광지들 사이의 이동 가능한 관계, 거리, 별점 등이 노드(Node)와 링크(Link)를 사용해서 그래프(Graph)로 제시되어 있다. 그래프는 도로 설계, 통신 네트워크 설계, 전자회로 설계 등 정보과학의 많은 분야에서 사용된다.

문제에서는 이동 거리의 합이 10 이내이면서 가장 많은 별점을 모을 수 있는 방법을 찾아내야 하는데, 이러한 문제는 노드들이 연결된 정점들을 따라 이동하며 특정 조건을 만족하는 최대값을 찾아내야 하는 그래프 탐색 문제라고 할 수 있다.

문제에서는 연결된 관광지들을 따라 순서대로 이동하면서 그때까지의 이동 거리의 합과 별점 합을 계산해야 한다. 이러한 형태의 탐색 방법은 그래프에서의 깊이 우선 탐색(Depth first search)이라고 할 수 있다. 그래프에서의 깊이 우선 탐색은 각각의 노드를 방문하는 순서를 트리(Tree)로 그려낼 수도 있다.

그룹 V : 10 암호 테이블

정답 AT OSCSRURTCSLJOU!

해설

암호표를 사용하면 다음과 같은 방법으로 4 BEAVERS!를 암호화할 수 있다.

메시지	4		B	E	A	V	E	R	S	!
결과	AT		OS	CS	RU	RT	CS	LJ	OU	!

핵심 주제 및 참고 웹사이트

▶ 암호학(Cryptography): https://en.wikipedia.org/wiki/Cryptography
▶ ADFGVX 암호화(ADFGVX cipher): https://en.wikipedia.org/wiki/ADFGVX_ciphe

문제 속의 정보과학

이 문제에서는 쉽게 알아볼 수 있는 내용을 특별한 방법이 없이는 알아내기 힘든 다른 형태로 바꾸는 암호화(Encryption)를 다루고 있다.

암호학(Cryptography)에서는 암호화되기 전의 내용을 평문(Plaintext), 다른 형태로 바꾸는 과정을 암호화(Encryption), 암호화된 내용을 암호문(Ciphertext)이라고 부른다.

이 문제에서 제시된 암호화 방법은 세계1차대전에서 독일군이 사용했던 ADFGVX 방법으로 고대 그리스 시대에 발명된 폴리비우스(Polybius) 암호를 변형한 것이라고 할 수 있다.

암호화는 이메일을 주고받거나, 메시지를 주고받는 데 기본적으로 사용될 뿐만 아니라 웹브라우저에서 정보를 검색하거나 웹서버와 통신할 때에도 적용되어 민감한 개인정보를 보호하고 저장하는 데에도 자주 사용된다. 최근에는 문제에서 제시된 것과 같은 간단한 방법이 아닌 수학과 정보과학에 기반한 더 복잡하고 더 안전한 암호화 방법이 많이 사용되고 있을 뿐만 아니라 양자 컴퓨터로도 쉽게 풀어내지 못하는 암호화 방법들이 지속적으로 연구되고 있다.

그룹 V : 11 요리 기계

정답 B)

해설

입력된 순서대로 처리하면서 만들어지는 음식의 개수가 최소가 될 수 있도록 재료들을 묶는 방법은 다음과 같다.

이렇게 묶으면 5개의 음식을 만들고, 3개의 재료(토마토 2개, 밥 1개)는 그대로 남게 된다.

여러 개의 음식을 만들 수 있는 경우에는 최대한 많은 요리 재료를 사용하는 방법으로 최소 개수의 음식을 만들어야 하기 때문에 🥒🥬🍅🧀🥩🍞(오이, 양상추, 토마토, 치즈, 고기, 빵) 순서로 입력된 것으로는 🥗🥪(샐러드, 샌드위치)를 만드는 대신 🍔(햄버거)를 만들어야 한다. 그리고 🍚 | 🌶️🧅🍅🥩(밥, 고추, 양파, 토마토, 고기)는 🍜🍅🥩(라면, 토마토, 고기)로 만드는 대신 🍚 | 🍢 (밥, 꼬치)로 만들어야 한다.

💾 핵심 주제 및 참고 웹사이트

▶ 텍스트 분할(Text segmentation): https://en.wikipedia.org/wiki/Text_segmentation
▶ 구문 분석(Parsing): https://en.wikipedia.org/wiki/Parsing

💾 문제 속의 정보과학

이 문제는 정보과학에서 다루어지는 텍스트 분할(Text segmentation)과 관련이 있다. 텍스트 분할은 한 줄로 연결된 문자열이나 텍스트를 어떤 의미나 패턴에 따라 여러 개의 부분들로 나누는 것인데, 이 문제에서는 부분들을 잘라 요리를 만들어야 한다.

이러한 텍스트 분할은 일반적인 말과 글을 의미에 따른 단어 조각들로 나누는 작업, 반복되는 패턴들을 조각내어 더 짧은 코드로 바꾸는 데이터 압축(Compression), 프로그래밍 코드의 기호와 단어들을 의미에 따라 분석하는 구문 분석(Parsing) 등에서 자주 사용된다.

그룹 V : 12 비밀 공유하기

 반투명 이미지2

해설

비밀 이미지 위치에서 검은색(■) 픽셀이면 반투명 이미지2의 위치에서는 반투명 이미지1과 다른 픽셀로 만들고, 비밀 이미지 위치에서 흰색(□) 픽셀이면 반투명 이미지2의 위치에서는 반투명 이미지1과 같은 픽셀로 만들어야 하므로 다음과 같이 반투명 이미지2를 만들어야 한다.

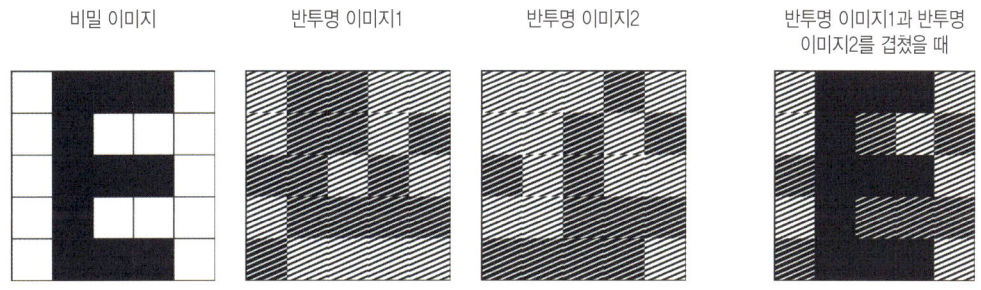

핵심 주제 및 참고 웹사이트

▶ 시각적 암호화(Visual cryptography): https://en.wikipedia.org/wiki/Visual_cryptography
▶ 암호화(Encryption): https://en.wikipedia.org/wiki/Encryption

문제 속의 정보과학

이 문제에서 제시된 이미지 암호화 방법은 1994년 두 명의 이스라엘 과학자에 의해서 개발된 시각적 암호화(Visual cryptography)와 관련되어 있다.

이 시각적 암호화 방법을 사용할 때, 개인별로 공개하지 않은 자신만의 랜덤 반투명 이미지를 사용하는 경우에는 이 시각적 암호화 방법이 매우 안전할 수 있다. 왜냐하면 원래의 비밀 이미지를 알아내기 위해서는 두 쌍의 반투명 이미지가 모두 필요한데 컴퓨터의 도움을 받더라도 공개되지 않은 다른 반투명 이미지를 알아내기 힘들기 때문이다.

반투명 이미지1이 있어야만 원래의 비밀 이미지를 알아낼 수 있기 때문에 반투명 이미지1은 비밀 이미지를 전송하는 사람과 수신하는 사람 모두에게 필요하다. 원래의 정보를 알아내기 위해서 필요한 값이나 정보를 암호학에서는 '키(Key)'라고 한다. 이 문제에서는 같은 키를 사용해서 암호화(Encryption)하고 다시 원래의 정보로 복호화(Decryption)할 수 있는데 이러한 키를 '대칭키(Symmetric key)'라고 부른다.

그룹 Ⅵ : 고등학교 1~3학년용

그룹 Ⅵ : 01 격자 칸 숫자

정답 26 또는 62

해설

두 자리 자연수 26, 62를 만든 후 다시 하나의 5*3 격자 칸으로 표시하면 다음과 같다.
2와 6의 순서를 바꾸어도 같은 결과가 만들어진다는 것을 알 수 있다.

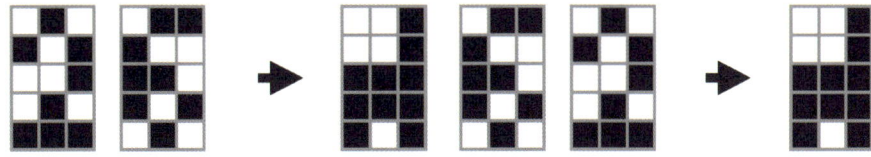

이 문제의 정답을 알아내기 위해서 모든 두 자리 자연수 쌍을 고려하는 것은 피해야 한다. 만들 수 있는 두 자리 자연수 쌍은 00부터 99까지이므로 총 100가지의 경우를 생각해 볼 수 있다. 하지만 0부터 9까지 한 자리 자연수를 제외하면 90가지만 생각하면 되고, 두 자리 자연수를 만드는 숫자의 순서가 상관이 없다는 것을 고려하면 다시 45가지 경우만 생각해 볼 수도 있다. 하지만 그래도 너무 많다.

일단, 두 자연수를 표현한 격자 칸에서 같은 위치에 있는 두 칸의 색을 비교해서 그중 하나만 칠해신 경우에만 검은색으로 칠하기 때문에, 가능한 모든 경우를 다음과 같은 표로 정리할 수 있다.

첫 번째 자연수	두 번째 자연수	검은색 칸 개수	만들어진 결과
□	□	0	□
□	■	1	■
■	□	1	■
■	■	2	□

이러한 것을 고려하면 같은 숫자 2개로 만들어지는 22나 99처럼 같은 수 쌍은 모두 제외할 수 있다. 왜냐하면 만들어진 결과에 검은색 칸이 하나도 없기 때문이다.

또한 만들어진 결과의 가장 오른쪽 칸들이 모두 검은색이라는 것을 생각하면, 두 자연수의 가장 오른쪽 칸들이 모두 다르다는 것을 유추할 수 있다. 그렇게 서로 다른 14쌍을 먼저 살펴보면, 가장 오른쪽 칸들은 모두 검은색으로 만들어지지만, 나머지 칸들은 서로 다르다는 것을 알아낼 수 있다.

가장 오른쪽 칸들이 서로 다른 숫자 쌍을 더 생각해 보면 25, 26쌍을 생각해 볼 수 있게 된다.

두 개의 숫자를 합쳐서 하나로 만들어 보면 26쌍이  모양을 만들어 낼 수 있다는 것을 알아낼 수 있다.

따라서 26 또는 62가 정답이 된다.

🔵 핵심 주제 및 참고 웹사이트

▶ 배타적 논리합(XOR): https://en.wikipedia.org/wiki/Exclusive_or
▶ 논리 게이트(Logic gate): https://en.wikipedia.org/wiki/Logic_gate

🔵 문제 속의 정보과학

이 문제에서 두 개의 숫자를 합쳐서 하나로 만드는 연산은 두 불(Boolean) 값이 서로 다른 경우에만 참(1, true)으로 계산하는 배타적 논리합(XOR) 연산이다.

두 개의 불 값 A, B가 0(false) 또는 1(true)로 주어질 때, 두 값을 XOR 연산한 결과는 다음과 같은 진리표(truth table)로 정리할 수 있다.

A	B	A XOR B
0	0	0
0	1	1
1	0	1
1	1	0

0을 흰색 칸, 1을 검은색 칸이라고 생각하면, 문제에서 두 개의 숫자를 합쳐 하나로 만드는 것과 같다는 것을 알 수 있다.

불 값들 사이의 계산에 사용할 수 있는 불 연산자는 논리곱(AND), 논리합(OR), 논리 부정(NOT) 등이 더 있는데, 이러한 불 연산은 입력-처리-출력을 수행하는 논리 게이트(Logic gate) 형태로 구현되어 하드웨어 시스템에서 매우 많이 사용된다.

XOR 연산은 암호학(Cryptography) 분야에서 어떤 정보를 암호화시키고, 암호화된 정보를 다시 원래의 정보로 바꾸는 데 핵심적인 역할을 한다. XOR 연산을 수행한 후 다시 XOR 연산을 사용하면 원래의 정보로 복원이 되기 때문이다.

XOR 연산은 데이터를 송수신할 때 사용하는 체크섬(Checksums)이나 순환 중복 검사(Cyclic redundancy check)과 같은 오류 검출(Detection) 및 정정(Correction) 기법에도 자주 사용된다.

그룹 VI : 02 화분

정답
32가지의 정답이 있다.

해설

꽃의 개수가 가장 작은 정답 중 한 가지는 이고,

꽃의 개수가 가장 많은 정답 중 한 가지는 이다.

C에 열쇠가 있으려면 A, B, C, D, E, F, G, H를 반으로 나눈 왼쪽 A, B, C, D에 있어야 하므로, A, B, C, D, E, F, G, H 화분에 꽃이 짝수 개만큼 있어야 한다.(꽃이 있는 화분이 없으면 A에 열쇠가 있어야 하므로 꽃이 없을 수는 없다.)

그다음으로 A, B, C, D를 반으로 나눈 오른쪽 C, D에 있어야 하므로 A, B, C, D 화분에 꽃이 홀수 개만큼 있어야 한다.

그다음에 C, D를 반으로 나눈 왼쪽 C에 있어야 하므로 C, D 화분에 꽃이 아예 없거나 모두 있어야 한다. 이러한 조건을 만족시키는 경우는 모두 정답이 된다.

하지만 다른 방법으로 정답을 찾을 수도 있다.

일단, C, D 중에 왼쪽에 열쇠가 있어야 하므로 C, D 화분에 꽃이 아예 없거나 둘 다 있어야 한다. 그다음으로 A, B, C, D 중에 오른쪽에 열쇠가 있어야 하므로 A, B, C, D 화분에 꽃이 홀수 개 있어야 하는데 그렇게 되려면 A, B 둘 중 하나에만 꽃이 있어야 한다. 왜냐하면 C, D 화분에는 꽃이 0개이거나 2개이어야 하기 때문이다.

마지막으로 A, B, C, D, E, F, G, H 중에 왼쪽에 꽃이 있으려면 E, F, G, H 중에 홀수(1 또는 3) 개의 화분에 꽃이 있어야 한다. 왜냐하면 A, B, C, D 화분에 꽃이 홀수 개이어야 하기 때문이다.

따라서 정리해 보면 A, B 중 1개에 꽃이 있고(2가지 경우), C, D 모두 꽃이 있거나 없으면서(2가지 경우), E, F, G, H 중 1개나 3개에 꽃이 있는(8가지 경우) 모든 경우(총 32가지)가 가능하다는 것을 알 수 있다.

핵심 주제 및 참고 웹사이트

▶ 코드(Code): https://en.wikipedia.org/wiki/Code

문제 속의 정보과학

이 문제에서는 열쇠의 위치를 나타내기 위해서 꽃 화분을 사용했는데, 꽃이 있는 화분과 없는 화분들을 특별한 순서로 배치하는 방법으로 열쇠가 있는 위치를 코드화(Encode)하고, 화분 배치를 통해서 거꾸로 열쇠가 있는 위치를 복호화(Decode)한다. 이러한 코드화 방법은 정확히 한 위치만 나타낼 수 있기 때문에 원하는 위치를 코드화하고, 거꾸로 복호화할 수 있다.

여러 가지 방법으로 위치를 코드화할 수 있는데, 3개의 꽃 화분만으로도 8가지(2^3)의 서로 다른 위치를 표현할 수 있다.(화분에 꽃이 있고, 없고에 따라 3개의 화분 순서를 만들 수 있기 때문이다.)

정보과학에서는 여러 가지 데이터를 특별한 형식에 맞추어 코드화하고, 인터넷을 통해서 메시지를 전송하는 것과 같이 컴퓨터 하드웨어를 통해 저장, 처리, 전송한다. 한편, 필요한 데이터량보다 더 많은 데이터를 사용해서 데이터를 저장, 처리, 전송하기도 하는데 그렇게 하면 데이터를 저장, 처리, 전송하는 과정에서 손실되거나 오류가 발생한 부분들을 찾아 수정할 수도 있기 때문이다. 해밍코드(Hamming code)는 오류를 찾아 수정할 수 있는 대표적인 예시이다.

그룹 VI : 03 촛불 켜기

정답 첫 번째 일요일에 양초 1개, 두 번째 일요일에 양초 2개, 세 번째 일요일에 양초 3개, 네 번째 일요일에 양초 4개를 켜고, 첫 번째 일요일부터 네 번째 일요일까지 각각의 양초별로 두 번씩만 켜는 방법은 모두 정답이 될 수 있다.

해설

다음은 가능한 정답 중 한 가지 방법이다.

다섯 번째 일요일에 모두 같은 길이로 만들 수 있는 많은 방법들이 있지만, 첫 번째 일요일(1개 켬)과 네 번째 일요일(4개 켬)을 쌍으로 생각해서 서로 반대로 양초를 켜거나 끄고, 두 번째 일요일(2개 켬)과 세 번째 일요일(3개 켬)을 쌍으로 생각해서 서로 반대로 양초를 켜거나 끄는 방법으로 모두 만들 수 있다.

1개의 양초는 첫 번째+세 번째 일요일에 켜고, 첫 번째 일요일에 켜지 않은 4개의 양초 중에서 2개의 양초는 두 번째+네 번째 일요일에 켜고, 나머지 2개의 양초는 세 번째+네 번째 일요일에 켜야 하므로, 첫 번째+세 번째 일요일에 켤 양초를 고르는 경우의 수 5, 나머지 4개의 양초 중에서 두 번째+네 번째 일요일에 켤 양초

2개를 고르는 경우의 수 5이고, 나머지 세 번째+네 번째 일요일에 켤 양초는 나머지 자리에 들어가게 되므로 총 25가지의 방법이 가능하다는 것도 알아낼 수 있다.

핵심 주제 및 참고 웹사이트

▶ 계산 가능성 이론(Computability theory): https://en.wikipedia.org/wiki/Computability_theory
▶ 판별 문제(Decision problem): https://en.wikipedia.org/wiki/Decision_problem
▶ 카운팅 문제(Counting problem): https://en.wikipedia.org/wiki/Counting_problem_(complexity)
▶ 최적화 문제(Optimization problem): https://en.wikipedia.org/wiki/Optimization_problem

문제 속의 정보과학

주어진 문제에서는 마지막 일요일에 모두 같은 길이의 촛불을 만들 수 있는 방법 중 한 가지를 찾아내는 문제라고 할 수 있다.

일반적으로 정보과학 분야에서는 계산 가능한(Computatable) 문제들이 다루어지며, 계산 가능한 문제들은 대표적으로 판별(Decision) 문제, 경우의 수(Counting) 문제, 최적화(Optimizaion) 문제 등으로 나눌 수 있다.

판별 문제는 주어진 상황에서 어떤 결과나 답을 얻어낼 수 있는지를 예(Yes)/아니요(No) 또는 참(True)/거짓(False)으로 계산하는 문제이고, 경우의 수 문제는 가능한 방법의 가짓수를 찾는 문제이며, 최적화 문제는 가능한 경우들 중에서 가장 최소/최대값을 가지거나 만들 수 있는 특별한 경우를 찾는 문제라고 할 수 있다.

그룹 VI : 04 비버 경주

정답 명령 실행 순서

- [9] 분 기다림
- [C] 돌덩어리가 있는 위치로 이동
- [3] 분 기다림
- 보물이 있는 곳으로 이동

해설

시간이 흐름에 따라 4개의 돌덩어리가 올라가고 내려오는 상황을 순서대로 이어 붙여 그려 보면 보물이 있는 위치까지 가장 빠르게 이동하면서 가장 간단한 방법을 쉽게 알아낼 수 있다.

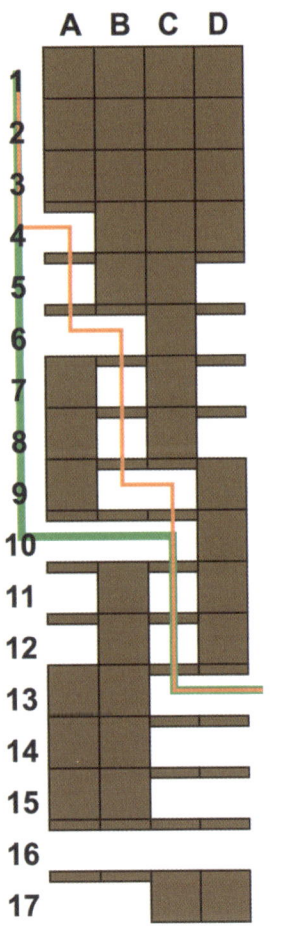

왼쪽 그림에서 주황색 선으로 표시한 것처럼 3분, 5분, 8분, 12분에 이동하면 12분 만에 이동할 수 있고, 다음과 같은 순서로 명령을 실행하면 된다.

명령 실행 순서
[3] 분 기다림
[A] 돌덩어리가 있는 위치로 이동
[2] 분 기다림
[B] 돌덩어리가 있는 위치로 이동
[3] 분 기다림
[C] 돌덩어리가 있는 위치로 이동
[4] 분 기다림
보물이 있는 곳으로 이동

하지만 유심히 살펴보면 9분을 기다렸다가 한 번에 이동하면, 다음 순서로 12분 만에 가능하다는 것을 알 수 있다.

[9] 분 기다림
[C] 돌덩어리가 있는 위치로 이동
[3] 분 기다림
보물이 있는 곳으로 이동

그리고 15분을 기다리면 두 번의 명령만 사용해서 한 번에 이동할 수 있다는 것도 알아낼 수 있지만, 가장 빠르게 이동하는 방법은 아니다.

핵심 주제 및 참고 웹사이트

▶ 컴퓨터 시뮬레이션(Computer simulation): https://en.wikipedia.org/wiki/Computer_simulation
▶ 최적화 문제(Optimization problem): https://en.wikipedia.org/wiki/Optimization_problem

문제 속의 정보과학

이 문제에서 답을 알아내기 위해서는 시간의 흐름에 따라 변화하는 상태들에 대해서 살펴보아야 한다. 컴퓨터 시뮬레이션(Computer simulation)은 현실의 물리적 움직임이나 현상을 수학적 방법을 사용해서 모델링하고, 컴퓨터를 통해 실행시켜 앞으로 일어나게 될 변화를 예측하는 것이라고 할 수 있다.

컴퓨터 시뮬레이션은 물리학, 천체물리학, 기후학, 화학, 생명과학 등 다양한 분야에서 효과적으로 사용되고 있다.

한편, 문제에서는 가장 빠르게 이동할 수 있으면서 가장 간단한 방법을 찾아야 하는데, 이러한 문제는 정보과학 분야에서 자주 다루어지는 최적화(Optimization) 문제라고 할 수 있다.

그룹 Ⅵ : 05 번역 시스템

정답 A)와 C)

해설

정확도가 0.0부터 1.0 사이의 값이므로 중간에 다른 언어로 바꾸는 방법을 추가하면 일반적으로는 정확도가 감소하게 된다. 따라서 중간에 다른 언어로 바꾸는 방법을 추가하면서 직접 번역할 때보다 정확도가 올라갈 수 있는 방법을 찾아야 한다.

A) A 〰▶ D는 직접 번역할 때의 정확도가 0.7이지만, A 〰▶ B 〰▶ D 과정으로 간접 번역하면 0.9 × 0.8 = 0.72로 정확도가 올라간다.

B) B 〰▶ A는 직접 번역할 때의 정확도가 0.90이고 정확도를 올릴 수 있는 방법이 없다.

C) C 〰▶ B는 직접 번역할 때의 정확도가 0.50이지만, C 〰▶ D 〰▶ B 과정으로 간접 번역하면 0.9 × 0.8 = 0.72로 정확도가 올라간다.

D) D 〰▶ B는 직접 번역할 때의 정확도가 0.80이고 정확도를 올릴 수 있는 방법이 없다.

핵심 주제 및 참고 웹사이트

▶ 인접 행렬(Adjacency matrix): https://en.wikipedia.org/wiki/Adjacency_matrix
▶ 그래프(Graph): https://en.wikipedia.org/wiki/Graph_(discrete_mathematics)

문제 속의 정보과학

자료구조(Data structure)를 활용하면, 데이터뿐 아니라 데이터 사이의 관계까지 저장할 수 있다. 그래프(Graph)는 점(노드(Node) 또는 정점(Vertex))과 이를 연결하는 선(링크(Link) 또는 간선(Edge))을 이용해서 표현되는 자료구조이다.

정보과학 분야에서 그래프는 지도에서 도로나 장소의 연결 관계, 소셜 네트워크 서비스에서 사용자들 사이의 연결 관계, 통신을 포함한 각종 네트워크에서의 연결 관계, 이동 방법, 비용 등을 표현하고 저장하는 데 자주 사용된다.

이 문제에서는 어떤 언어를 양방향으로 번역이 가능하며, 직접 번역할 때의 정확도가 표 형태로 정리가 되어 있는데 이러한 표를 인접행렬(Adjacency matix)이라고 하고, 다음과 같은 가중치가 있는(Weighted) 양방향/무방향(Undirected) 그래프로 바꾸어 표현할 수 있다.

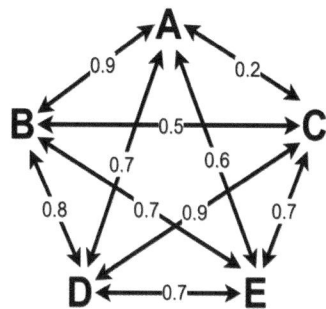

한편, 이렇게 모든 정점들이 서로 연결된 그래프를 완전(Complete) 그래프라고 부른다. 그래프 자료구조에서는 어떤 정점에서 다른 정점까지 이동하는 데 필요한 최적(최대, 최소)값이나 방법을 찾는 문제가 자주 다루어지는데, 이 문제에서는 다른 언어로 번역할 때 가장 높은 정확도를 만들 수 있는 방법을 찾아야 한다.

그룹 Ⅵ : 06 행복한 자리 배치

😊 **정답**

💬 **해설**

위치나 방향과 상관없이 원형으로 A-B-F-C-E-D-A 연결 순서가 같은 경우는 모두 정답이다.

원탁에서 A-E, A-F, B-E, D-F, E-F 쌍으로 원탁에서 왼쪽이나 오른쪽에 있으면 둘 다 우는 모습(☹)으로 바뀐다. 얼굴 모양이 바뀌는 경우를 표시하면 다음과 같다.

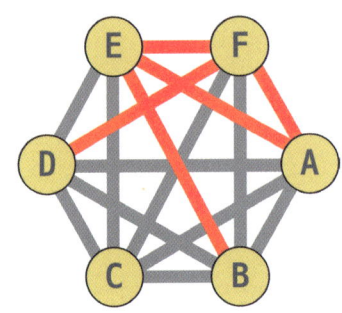

E는 C 또는 D와만 옆에 있을 수 있으므로 C-E-D 또는 D-E-C로만 앉아야 하고, F는 C, B와만 옆에 있을 수 있으므로 C-F-B 또는 B-F-C로만 앉아야 한다는 것을 알 수 있다. 그리고 자리가 6개뿐이기 때문에 D-E-C-F-B 순서로 연결되고, D와 B 사이에 A가 앉아야 한다. 따라서 위치나 방향과 상관없이 원형으로 A-B-F-C-E-D-A 연결 순서가 같은 경우는 모두 정답이 된다.

가능한 정답 중 두 가지는 다음과 같다.

핵심 주제 및 참고 웹사이트

▶ 그래프(Graph): https://en.wikipedia.org/wiki/Graph_(discrete_mathematics)
▶ 해밀턴 경로(Hamiltonian path): https://en.wikipedia.org/wiki/Hamiltonian_path
▶ 계산 복잡도 이론(Computational complexity theory):
   https://en.wikipedia.org/wiki/Computational_complexity_theory
▶ NP-완전(NP-completeness): https://en.wikipedia.org/wiki/NP-completeness

문제 속의 정보과학

이 문제에서 옆에 앉을 수 있는 것을 직접 이동 가능한 것으로 생각하고 옆에 앉지 못하는 것을 직접 이동 불가능한 것으로 생각하면, 6명의 친구를 정점으로 생각하고 한 번씩만 방문하면서 원형으로 연결되는 경로인 해밀턴 순환(Hamiltonian cycle)을 찾는 것이라고 볼 수 있다.

그래프(Graph) 이론에서 해밀턴 경로(Path)는 모든 정점을 한 번씩만 지나는 경로이고, 해밀턴 순환은 그 경로가 원형으로 연결되는 것을 말한다. 어떤 그래프에서 해밀턴 순환이 가능하면 그러한 그래프를 '해밀턴 그래프'라고 부른다.

이러한 해밀턴 경로 관련 문제는 실제 세상에서 여러 위치를 모두 방문해야 할 때의 최단 이동 경로나 최소 비용을 알아내고자 하는 것과 밀접하게 연관된다.

해밀턴 경로나 순환을 찾는 문제를 해결하는 데에는 특별히 좋은 방법이나 알고리즘이 알려져 있지 않기 때문에 가능한 모든 경우를 백트랙킹(Backtracking) 방법으로 탐색하는 방법이 주로 사용된다. 해밀턴 경로/순환 문제는 컴퓨터를 사용해서 답을 찾더라도 매우 많은 계산량이 필요하기 때문에 계산 복잡도 이론(Computational complexity theory)에서 NP-완전(NP-completeness) 문제로 분류된다.

그룹 VI : 07 버스 갈아타기

정답 20분

해설

주황색 버스를 타고 두 번째 정거장에서 내린 후(5분 이동), 파란색 버스로 갈아타고 한 정거장을 더 가서 내린 다음에(1분 대기+1분 이동), 초록색 버스를 타고 한 정거장을 더 가서(3분 이동), 핑크색 버스로 갈아타고 한 정거장을 더 이동하면(1분 대기+9분 이동) 총 20분 만에 영화관에 도착할 수 있다.

환승 정류장에 도착했을 때, 타고 있는 버스를 그냥 타고 가거나 다른 버스를 기다렸다가 갈아탔을 때, 각각의 정류장까지 가장 빠르게 이동하는 데 걸리는 시간을 순차적으로 계산해 가면, 영화관까지 이동하는 데 필요한 최소 시간을 알아낼 수 있다.

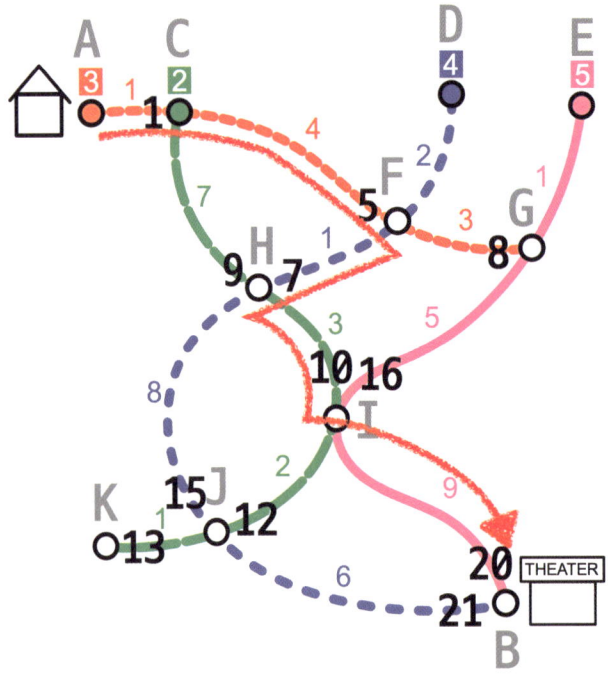

모든 버스가 동시에 출발하기 시작했을 때, A에서 출발하는 첫 번째 버스를 타면 C까지 최소 1분 만에 도착할 수 있다. 이제 다음 정류장인 F와 H까지 이동하는 데 필요한 최소 시간을 계산해야 한다.

C에서 버스를 갈아타지 않으면 F까지 4분 더 걸리므로, F까지 이동하는 데 필요한 최소 시간은 5분이고 마찬가지로 H에서 버스를 갈아타지 않으면 G까지 이동하는 데 필요한 최소 시간은 8분이라는 것을 알 수 있다.

C에서 버스를 갈아타고 H까지 이동한다면, C에서 출발하는 두 번째 버스를 1분 더 기다려야 하고 H까지 이동시간이 7분이 필요하므로 9분 만에 H까지 이동할 수 있다. 하지만 F에서 1분 기다렸다가 버스를 갈아타고 H로 이동하면 총 7분 만에 H까지 이동할 수 있다. 따라서 H까지 최소 이동시간은 7분이라는 것을 알 수 있다.

F, G, H까지 이동할 수 있는 최소 시간을 알고 있으므로 I까지 이동하는 최소 시간을 계산할 수 있다. A–C–H–I 방법으로 이동하면 12분(9+3) 걸리지만, A–C–F–H–I 방법으로 이동하면 H에서 초록색에서 출발한 첫 번째 버스로 바로 갈아탈 수 있으므로 10분(7+3) 걸리고, A–C–F–G–I 방법으로 이동하면 G에서 분홍색에서 출발한 세 번째 버스를 3분 동안 기다렸다가 갈아타야 하므로 16분(8+3+5) 걸리는 것을 알 수 있다. 따라서 I까지 최소 이동시간은 10분이라는 것을 알 수 있다.
같은 방법으로 다음 J, B 정류장까지 이동하는 데 필요한 최소 시간을 계산해 나갈 수 있다.

따라서 A–C–F–H–I 방법으로 10분 만에 이동한 후, 분홍색에서 출발한 두 번째 버스가 11분에 도착했을 때 갈아타고 9분 더 이동하면 영화관까지 최소 20분 만에 도착할 수 있다.

핵심 주제 및 참고 웹사이트
▶ 가중치 있는 단방향 그래프(Weigthted directed graph): https://en.wikipedia.org/wiki/Directed_graph
▶ 동적 프로그래밍(Dynamic programming): https://en.wikipedia.org/wiki/Dynamic_programming

문제 속의 정보과학
이 문제에서는 여러 개의 버스 차고지에서 출발한 버스가 다음 정류장까지 이동하는 경로와 각 다음 정류장까지 이동하는 데 필요한 시간을 그림으로 보여 주고 있다. 이 그림은 일종의 가중치 있는 단방향 그래프(Directed graph)라고 할 수 있다.

이 문제에서는 출발 지점에서 시작해서 목표 지점까지 이동하는 데 필요한 최소 시간을 단계적으로 한 단계씩 계산해 나가야 한다. 첫 번째 정류장에서 다음 정류장까지 이동하는 데 필요한 최소 이동 시간을 계산한 후, 그다음 정류장까지 이동하는 데 필요한 최소 시간을 단계적으로 계산하는 데 사용해 나가야 한다. 이렇게 이전에 알아낸 최적(최소/최대)값들을 이용해서 지금까지의 최적값을 계산하고, 그 최적값을 다음 계산에 사용하며 마지막의 최적값을 알아내는 방법을 동적 프로그래밍(Dynamic programming)이라고 한다.

그룹 VI : 08 홍수 예방

정답 74

해설

폭우가 내릴 때, 7개의 연못에서 흘러넘치는 물을 마을 아래 저수지로 흘려보낼 수 있는 수로를 설계해야 한다. 연못에는 흘러넘치는 물의 양이 쓰여 있고, 수로를 만들 수 있는 방법과 그 수로를 통해서 보낼 수 있는 물의 양도 쓰여 있다. 어떤 수로를 만드는 데 필요한 비용은 그 수로를 통해서 보낼 수 있는 물의 양만큼 필요하다.

일단 2, 5, 6 연못은 아래 저수지로 물을 보낼 수 있는 방법이 한 가지뿐이므로, 아래 방향으로 내려보내는 수로를 반드시 설치해야 한다는 것을 알 수 있다.

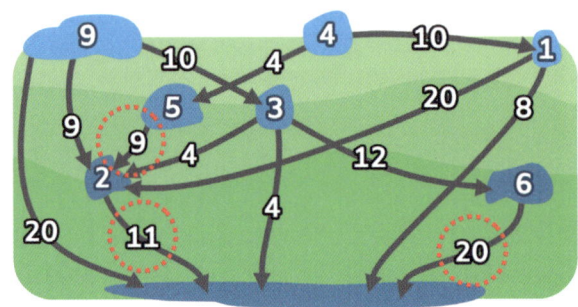

그다음으로 4, 1 연못에 흘러넘치는 물을 처리할 수 있는 방법을 찾아보면, 4 연못의 물을 5 연못으로 보내고 1 연못의 물은 저수지로 바로 보내는 방법을 생각해 볼 수 있다. 4 연못의 물을 1 연못으로 보내고 1 연못에서 저수지로 바로 연결할 수 있지만, 그 방법은 더 비싸다는 것을 알 수 있다. 따라서 다음과 같이 더 수로를 설치해야 한다.

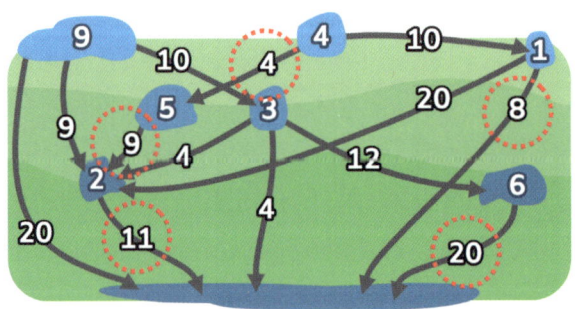

이제 남아 있는 9 연못과, 3 연못에 흘러넘치는 물을 처리해야 하는데, 9 연못의 물을 3으로 보내고 3 연못의 물과 합쳐 6 연못으로 보내는 방법이 최소라는 것을 알 수 있다. 9 연못의 물을 2 연못을 보내면 수로를 통해서 보낼 수 있는 물의 용량이 넘치기 때문에 안 된다.

따라서 다음과 같이 연결하면 최소 74(10+4+8+9+12+11+20)로 가능하다.

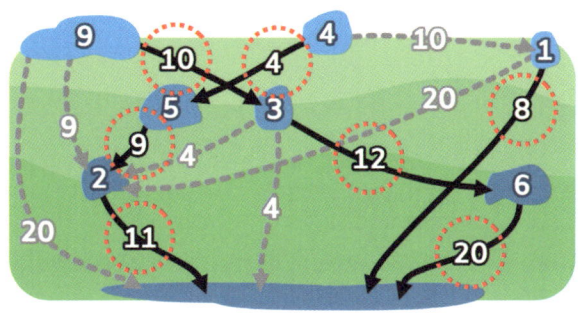

핵심 주제 및 참고 웹사이트

▶ 방향 그래프(Directed graph): https://en.wikipedia.org/wiki/Directed_graph
▶ 최소 비용 유량 문제(Minimum-cost flow problem): https://en.wikipedia.org/wiki/Minimum-cost_flow_problem

문제 속의 정보과학

이 문제에서 연못, 연못을 연결하는 수로, 수로를 만들 때의 비용은 가중치 있는(Weighted) 방향(Directed) 그래프(Graph)라고 볼 수 있다.

문제에서는 최소 비용으로 최대한 많은 물을 원하는 위치로 보낼 수 있는 방법을 설계해야 하는데 이러한 문제를 최소 비용 유량 문제(Minimum-cost flow problem)라고 하며, 실제로 두 지점 사이에 데이터를 전송할 때의 비용이 드는 통신 네트워크나 컴퓨터 네트워크를 설계할 때 자주 다루어진다.

그룹 VI : 09 꽃 심기

정답 A)

해설

정답을 알아내기 위해서 로봇이 이동하고 꽃을 심는 과정을 순서대로 따라가면 된다.

처음에는 ⌂✕ 위치로 이동한다.

로봇이 있는 위치에 🌸 표지판이 있기 때문에 🌸 꽃을 심고 기억 장치에 저장한 후 표지판을 제거한다. 그다음에 꽃이 없는 오른쪽 위치로 이동한 후 기억 장치에 저장되어 있는 🌸 꽃을 심고 왼쪽으로 이동하면서 첫 번째로 만나는 🌷 표지판 위치로 이동한다.

같은 방법으로 과정을 반복하면, 다음과 같은 과정으로 정답을 알아낼 수 있다.

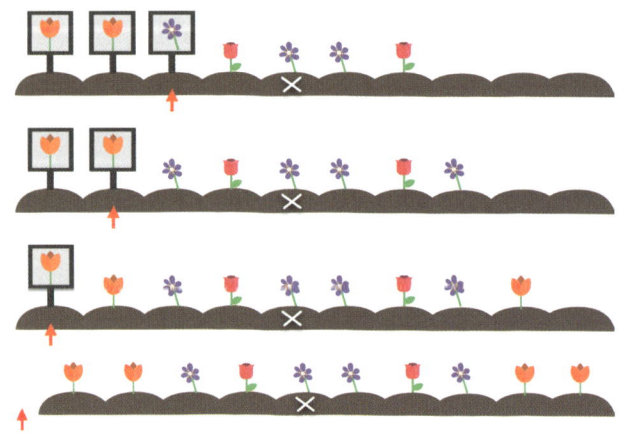

핵심 주제 및 참고 웹사이트

▶ 튜링 머신(Turing machine): https://en.wikipedia.org/wiki/Turing_machine
▶ 알고리즘(Algorithm): https://en.wikipedia.org/wiki/Algorithm

문제 속의 정보과학

이 문제에서 꽃을 심는 로봇은 튜링 머신(Turing machine)의 움직임과 비슷하게 움직이고 있다. 튜링 머신은 1936년 앨런 튜링(Alan Turing)에 의해서 발명된 가상의 장치로서 처음에는 "a-machine"(자동 기계)라고 불렀으나 나중에는 많은 사람들에 의해서 튜링 머신이라고 불리게 되었다.

튜링 머신은 미리 정해 놓은 규칙에 따라 무한히 긴 테이프를 이리 저리 움직이며 기호를 읽거나 쓰는 알고리즘(Algorithm)을 수행하는 가상의 장치이다.

그룹 VI : 10 비버와 곰

정답 B)

해설

3개의 통나무를 1번, 2번, 3번이라고 할 때, 비버와 곰이 각각 1번 통나무와 2번 통나무를 자르기 시작해서, 곰이 먼저 2번 통나무를 다 자르고 난 후 3번 통나무를 자르기 시작하고, 곰이 3번 통나무를 자르는 동안에 비버가 2번 통나무를 트럭에 싣고, 마지막에 비버가 곰이 잘라 놓은 3번 통나무를 트럭에 싣는 방법으로 가능하다.

다음과 같은 방법으로 최소 6분 만에 가능하다.

시간(분)	비버		곰	
1–3	1번 통나무		2번 통나무	
4	1번 통나무 싣기		3번 통나무	
5	2번 통나무 싣기			
6	3번 통나무 싣기			

다음과 같은 방법으로도 6분 만에 가능하다.

시간(분)	비버		곰	
1–2	1번 통나무		2번 통나무	
3–5	1번 통나무 싣기		3번 통나무	
6	3번 통나무 싣기			

다음 이유로 6분보다 더 빠른 방법은 불가능하다.
 ① 비버가 어떤 통나무를 자르면 그 통나무를 싣기까지 해야 하기 때문에 기본 2분이 걸린다.
 ② 통나무가 3개이고 한 번에 1개의 통나무만 실을 수 있기 때문에 최소 3번의 작업이 필요하다.

③ 만약 비버가 두 번째 방법으로 1번 통나무를 두 번만 자르면, 나머지 통나무 조각들을 만들어 내기 위해서 곰이 적어도 5번 더 잘라야 한다. 곰이 그렇게 하기 위해서는 최소 2분이 걸린다.
④ 비버는 곰이 작업을 끝낸 후 1분 더 필요하기 때문에 전체적으로는 5분 이내에 불가능하게 된다.

핵심 주제 및 참고 웹사이트

▶ 병렬 컴퓨팅(Parallel computing) https://en.wikipedia.org/wiki/Parallel_computing
▶ 시스템 온 칩(System on chip): https://en.wikipedia.org/wiki/System_on_a_chip

문제 속의 정보과학

이 문제는 여러 개의 CPU를 사용해서 계산하거나 처리하는 병렬 컴퓨팅(Parallel computing)과 관련이 있다. 문제에서 비버와 곰은 작동 방식이 다른 CPU라고 할 수 있는데, 비버는 한 번에 하나의 작업을 순서대로 처리하는 CPU이고, 곰은 한 번에 두 개의 작업을 동시에 처리하는 CPU라고 할 수 있다.

모바일 기기에서는 작동 방식이 다른 여러 가지 CPU들을 하나의 칩에 통합시킨 단일 부품을 사용하기도 한다. 이렇게 만들어진 칩을 SoC(System on a Chip)라고 부른다. 또한 그래픽 처리를 위해 만들어진 매우 많은 GPU(Graphical processing unit)와 여러 개의 CPU(Central processing unit)들을 이용해서 계산하거나 작업을 처리할 때에도 문제와 같은 상황들이 자주 다루어진다.

그룹 VI : 11 밀가루 가져오기

정답 A)

해설

정답을 알아내기 위해서 중요한 사항은 다음과 같다.
- 알버트는 1시간당 13kg의 밀가루를 가져올 수 있다. (13kg/hour)
- 마리오는 30분당 5kg의 밀가루를 가져올 수 있다. (10kg/hour)
- 적어도 한 마리는 빵집에 남아 있어야 한다.
- 비버들은 연속해서 최대로 3번까지 밀가루를 가져올 수 있다.
- 한 비버가 쉬고 있는 동안에 다른 비버는 일을 할 수 있다.

알버트가 1시간당 13kg의 밀가루를 가져올 수 있기 때문에 알버트가 밀가루를 가져오는 것이 좋고, 알버트가 휴식할 때 마리오가 밀가루를 가져오도록 하면 된다. 따라서 알버트가 3번 다녀오고 마리오가 한 번 다녀오면 다음과 같이 3.5시간 동안 44kg의 밀가루를 최대로 가져올 수 있다.

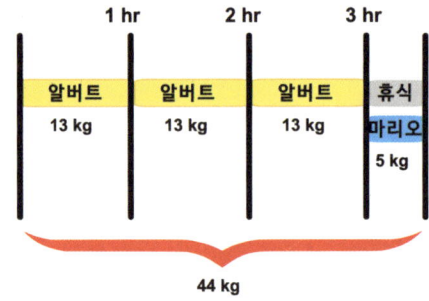

이 과정을 8시간까지 반복해서 연장하면 다음과 같은 스케줄을 만들 수 있다.

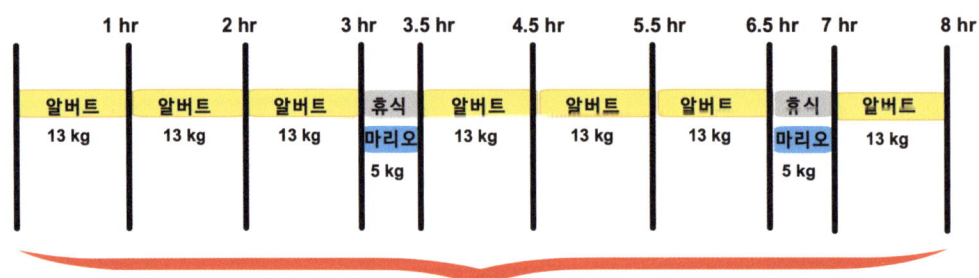

마리오가 처음에 먼저 다녀오고 그 이후 알버트가 최대한 많이 다녀오도록 스케줄을 만들면 마지막에는 마리오가 두 번 연속 다녀와야 하고 다음과 같은 스케줄을 만들 수 있다.

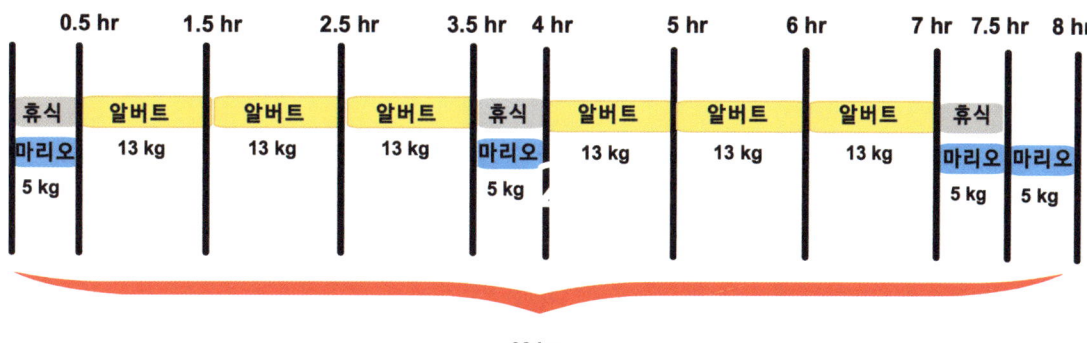

핵심 주제 및 참고 웹사이트

▶ 스케줄링(Scheduling): https://en.wikipedia.org/wiki/Scheduling_(computing)

문제 속의 정보과학

이 문제에서는 두 마리의 비버가 8시간 동안에 밀가루를 최대로 가져올 수 있는 순서를 만들어야 한다.

정보과학 분야에서는 많은 작업을 빠르고 효율적으로 수행할 수 있도록, 사용 가능한 자원들을 효과적으로 배분하고 순서를 정하는 스케줄링(Scheduling) 문제가 자주 다루어진다.

컴퓨터 내부에서 여러 개의 CPU를 사용해 여러 개의 작업을 처리하거나 메모리 장치에서 데이터를 읽거나 쓸 때, 여러 가지 작업을 어떤 순서로 어떻게 처리하는지와 관련한 스케줄링 빙법과 알고리즘에 따라 컴퓨터 시스템의 전체적인 처리 속도와 효율성이 달라지게 된다.

그룹 Ⅵ : 12 잃어버린 연 찾기

 4

가려져 있는 풀숲을 반씩 잘라가며 확인하면, 어떠한 경우라도 4번 이내에 연이 있는 위치를 반드시 찾아낼 수 있다.

예를 들어, 어떤 상태가 주어질 때, 가운데를 눌렀을 때 다음과 같다면,

오른쪽에는 연이 없다는 것을 알 수 있다. 왜냐하면 연줄의 모양을 보면 오른쪽으로 갔다가 다시 돌아나왔다는 것을 알 수 있기 때문이다. 따라서 연은 왼쪽 어딘가에 있다는 것을 알 수 있다.

다시 왼쪽 부분의 가운데를 눌렀을 때 다음과 같다면, 그 오른쪽 부분에 연이 있다는 것을 알 수 있다.

다시 같은 방법으로 가운데를 누르고 연줄의 모양을 살펴보면 연이 있는 방향을 알 수 있고,

어떤 경우라도 최대로 4번 이내에 연이 있는 곳의 위치를 알아낼 수 있다.

핵심 주제 및 참고 웹사이트

▶ 이분 탐색(Binary search): https://en.wikipedia.org/wiki/Binary_search

문제 속의 정보과학

이 문제의 정답을 알아내기 위해서는 연줄의 모양을 확인하며 주어진 영역을 반씩 나누어가는 전략을 사용할 수 있다. 탐색 가능한 개수나 영역을 반씩 줄여 나가면서 원하는 데이터를 찾는 문제 해결 전략을 이분탐색(Binary search)이라고 하고, 매우 효율적이고 빠르게 원하는 데이터를 찾아낼 수 있다.

이분탐색이 가능하기 위해서는 일반적으로 데이터들이 어떤 우선 순위에 따라서 정렬되어 있어야 하지만, 주어진 문제에서는 연줄의 모양으로 연의 방향을 알 수 있기 때문에 이분탐색 전략을 사용할 수 있다.

비버챌린지 공식 교재 안내

[책 소개] Bebras Korea가 직접 집필한 Bebras Challenge 공식 교재이다. 비버챌린지 문제를 통해 컴퓨팅 사고력을 기르고, 소프트웨어와 정보과학을 재미있고 의미있게 학습할 수 있다.

[이 책이 필요한 사람] 첫째, 컴퓨팅 사고력을 기르고 싶은 사람
둘째, 비버챌린지 참가자

◀ 비버챌린지 II
: 비버챌린지로 배우는 소프트웨어(초등학생용)
Bebras Korea 지음 / 정가 15,000원

비버챌린지 II ▶
: 비버챌린지로 배우는 정보과학(중학생용)
Bebras Korea 지음 / 정가 15,000원

◀ 비버챌린지 II
: 비버챌린지로 배우는 정보과학(고등학생용)
Bebras Korea 지음 / 정가 15,000원

비버챌린지와 함께하는 컴퓨팅 사고와 정보과학 ▶
: 2024년도 기출문제집(초등학생용)
Bebras Korea 지음 / 정가 13,000원

◀ 비버챌린지와 함께하는 컴퓨팅 사고와 정보과학
: 2024년도 기출문제집(중·고등학생용)
Bebras Korea 지음 / 정가 15,000원

비버챌린지와 함께하는 컴퓨팅 사고와 정보과학 ▶
: 2023년도 기출문제집(초등학생용)
Bebras Korea 지음 / 정가 13,000원

◀ 비버챌린지와 함께하는 컴퓨팅 사고와 정보과학
: 2023년도 기출문제집(중·고등학생용)
Bebras Korea 지음 / 정가 15,000원

◀ 비버챌린지와 함께하는 컴퓨팅 사고와 정보과학
: 2022년도 기출문제집(초등학생용)

Bebras Korea 지음 / 정가 13,000원

비버챌린지와 함께하는 컴퓨팅 사고와 정보과학 ▶
: 2022년도 기출문제집(중·고등학생용)

Bebras Korea 지음 / 정가 15,000원

◀ 비버챌린지와 함께하는 컴퓨팅 사고와 정보과학
: 2021년도 기출문제집(초등학생용)

Bebras Korea 지음 / 정가 11,000원

비버챌린지와 함께하는 컴퓨팅 사고와 정보과학 ▶
: 2021년도 기출문제집(중·고등학생용) [전자책]

Bebras Korea 지음 / 정가 10,000원

◀ 비버챌린지
2020년도 기출문제집(초등학생용)

Bebras Korea 지음 / 정가 10,000원

비버챌린지 ▶
2020년도 기출문제집(중·고등학생용) [전자책]

Bebras Korea 지음 / 정가 10,000원

◀ 비버챌린지
2019년도 기출문제집(초등학생용)

Bebras Korea 지음 / 정가 10,000원

비버챌린지 ▶
2019년도 기출문제집(중·고등학생용) [전자책]

Bebras Korea 지음 / 정가 8,000원

◀ 비버챌린지
2018년도 기출문제집(초등학생용)

Bebras Korea 지음 / 정가 8,000원

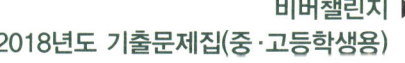

비버챌린지 ▶
2018년도 기출문제집(중·고등학생용)

Bebras Korea 지음 / 정가 10,000원

◀ 비버챌린지
2017년도 기출문제집(초등학교 3~4학년용)
[전자책]

Bebras Korea 지음 / 정가 4,000원